MW01710370

Hélène

Hélène vit en Polynésie avec ses deux filles.

J'AI COMMENCÉ PAR UN JOINT

HÉLÈNE

J'AI COMMENCÉ PAR UN JOINT

Avec la collaboration
de Marie-Thérèse Cuny

OH ! ÉDITIONS

FSC
www.fsc.org
MIXTE
Papier issu de sources responsables
FSC® C003309

Pocket, une marque d'Univers Poche, est un éditeur qui s'engage pour la préservation de son environnement et qui utilise du papier fabriqué à partir de bois provenant de forêts gérées de manière responsable.

ISBN : 978-2-266-16808-3

1.

J'ai shooté avant lui.

« Tu vas voir, elle est bonne... »

« Nous sommes seuls au sixième étage d'un immeuble, dans une chambre de bonne minable, refuge d'un copain. J'ai quinze ans. Jarv, dix-neuf ans, est mon meilleur ami, un frère. Pas du genre junky pourri, incapable de partage, au contraire. Il est dans la drogue depuis plus longtemps que moi, mais, si nous sommes en manque tous les deux, il trouve toujours une miette de poudre à partager. Normalement, on ne partage avec personne. Lui, avec son bon sourire pâle, sait me rassurer.

« Je nous ai trouvé la substance vitale... »

Cette fois, c'est moi qui l'ai trouvée, cette substance vitale. Il fait son shoot juste après moi. Je suis sonnée assez vite, avec un drôle de bouillonnement intérieur qui n'est pas le même que d'habitude. Et un goût bizarre dans la bouche. Il se sert à son tour, repose la seringue, une « shooteuse », comme on dit.

Dans mon souvenir, c'est encore moi qui commente.

« Tiens... ou elle est trop bonne, ou elle est coupée à la coke. En tout cas, elle est forte. »

On ne sait pas toujours sur quelle poudre on tombe avec les dealers. Normalement, l'héroïne est pure, mais ils en font ce qu'ils veulent. La coke est très chère. Snob, elle se pratique dans les milieux plus aisés, entre adultes. Dans des endroits où l'on mange, boit, discute, où l'on se donne l'illusion d'être brillant en société. Un « style de vie » qui ne concerne pas les adolescents perdus.

L'héro, c'est vraiment le produit de la destruction, c'est la rue. Avec l'héro, on n'a ni froid, ni faim, ni désir d'amour, et on supporte mieux la misère morale. L'héro t'enferme en toi-même, te replie, t'accroche, alors que la coke donne l'impression d'une ouverture d'esprit, d'une sexualité extravertie, pas vraiment comme l'alcool qui provoque une distorsion de la réalité. Le shoot à l'héro provoque une émotion destructrice l'illusion chimique d'une « illumination » interne, un flash qui donne la sensation éphémère et mensongère d'un soulagement passif. Comme si notre prison intérieure s'assouplissait un bref instant pour réapparaître aussitôt plus douloureuse, plus rigide, plus oppressante. Il ne se passe rien qu'un soulagement passif. On est dans une espèce de coton amorphe, fracassé. Ni bourré ni excité, mais apaisé et capable d'échanger avec l'autre, de fraterniser dans un monde sans limite, préservé de la réalité et du désespoir. Mais cette fois, nous n'avons pas le temps de parler.

Jarv se met presque aussitôt à trembler. Il est épileptique, je le sais, et il a toujours des cachets sur lui. Dans la ouate qui m'envahit, je pense : « Merde, elle est redoutable aujourd'hui. »

Je fouille dans ses poches à la recherche de ses pilules, et me bats pour lui ouvrir la bouche et lui faire avaler ce truc de force. Je suppose que j'ai réussi, car, au bout d'un moment, il se calme, les secousses s'arrêtent. Je m'allonge à côté de lui, je crois qu'il s'endort. Je lui caresse la joue, tendrement.

« Ça va mieux, allez, on fait dodo. »

Je commence à piquer du nez, complètement cassée, et m'endors en quelques secondes, la main tendrement posée sur sa joue.

Sommeil de plomb, oubli.

Le lendemain matin, je me réveille en sursaut pour aller au lycée. Je saute dans des fringues sans même savoir si ce sont les miennes. J'arrive souvent en cours à peine lucide. Si la soirée s'est passée en boîte et que je me suis couchée à quatre heures, je me réveille encore pétée de la veille. S'il y a du whisky à portée de main, j'en prends un grand verre au petit déjeuner pour attaquer la journée.

Ce matin-là, je pars en courant, le laissant dormir. Il n'a pas de contrainte, plus de projet, il n'est plus étudiant, il n'est plus rien. Moi, j'essaie toujours et encore de garder la face, de mentir, de faire acte de présence en cours, même dans un sale état. Je ne veux faire de mal à personne, il y a assez de soucis en famille. Séparation des parents, boulimie de ma sœur qui a des problèmes depuis l'enfance.

Personne ne s'aperçoit de mes virées nocturnes : ma chambre isolée sur le palier de l'appartement familial me permet d'esquiver toute explication. Et même s'il fallait en trouver, j'en aurais toujours une – « J'étais déjà partie », « J'ai dormi chez une copine... »

En fait, je n'ai même pas le souvenir d'avoir eu à me justifier, sauf pour l'alcool, et devant ma sœur aînée. Je me servais dans la réserve des parents, destinée à leur clientèle. Je remplissais le verre très vite et rangeais la bouteille.

Une fois, je la vois entrer dans le salon alors que je suis assise, en train de boire ce qui ressemble à du jus de pomme.

« Qu'est-ce que tu bois ? Je peux en avoir un peu ?

– Non, non, touche pas, c'est pas du jus de pomme.

– C'est quoi alors ?

– Rien, rien, pas grave. »

Elle s'approche et respire au-dessus du verre.

« Mais c'est de l'alcool. C'est quoi, ce truc ?

– Rien, c'est pas grave, c'est du whisky.

– Tu bois du whisky, toi ?

– C'est pas dramatique. Une fois de temps en temps, c'est juste pour rigoler.

– T'as vu le verre que tu t'es servi ?

– Je me suis pas rendu compte de la quantité, j'ai pas fait gaffe. Jamais je ne bois un truc pareil ! D'ailleurs, je vais le jeter. »

Et je me souviens de m'être levée pour vider le verre. Alors que j'en avais bu deux entiers avant qu'elle arrive. Je suppose qu'elle a dû alerter ma mère. « Tu sais qu'Hélène boit ? » Je me rappelle que ma mère m'a dit, plus tard :

« Hélène, comment se fait-il que les bouteilles de J&B, dans le cagibi, disparaissent aussi vite ? Il ne reste plus que ça ?

– C'est quand Philippe me raccompagne après une balade à moto, ou Patrick, je leur sers un verre. Ça va vite, une bouteille pour quatre ou cinq copains. Je n'ai pas réalisé. Il doit manquer à peine deux ou trois bouteilles...

– Plutôt six ou dix, apparemment.

– Non, ça m'étonnerait, je ne pense pas... »

Elle doutait d'elle-même.

Mes parents ne buvaient pas, et ne fumaient pas non plus. Moi, j'ai commencé par ça à treize ans environ. J'étais très gamine mais, physiquement, j'avais l'air plus âgée. J'ai démarré à fond, immédiatement, et presque à en crever, pour gommer mon mal-être. Je me lâchais, je n'étais plus dans la raison, mais dans l'explosion. Le carcan d'adolescent se resserrait, il m'écrasait de plus en plus, me rendant incapable d'être tout simplement moi-même. J'avais l'impression qu'il s'assouplissait quand je buvais, que j'arrivais à être un peu plus vivante, à me sentir mieux pour communiquer avec les autres. Non pour faire comme les copains, mais pour adoucir ma prison intérieure. L'alcool effaçait l'idée que devenir adulte serait encore plus étouffant, qu'il n'y avait ni passion ni espoir en la nature humaine.

J'étais en train de devenir adulte, mais je n'y voyais aucun intérêt. Je voulais pourtant grandir d'urgence, parce que je refusais d'être encore une enfant. Grandir me permettait de sortir de la famille. J'étais bien avec des jeunes plus âgés que moi, plus autonomes, plus libres, et j'avais besoin de liberté intérieure pour pouvoir m'intégrer à leur clan et faire la fête avec eux.

Je n'avais aucune conscience de mon plongeon, juste une sensation d'isolement, de mal-être, sans pouvoir l'exprimer. L'alcool me permettait de le supporter et de survivre à l'extérieur. Rire, participer à la fête, danser... sinon, j'étais repliée, sauvage, fragile, blessée.

Je n'avais plus aucun outil d'expression à travers un sport, un art, une passion quelconque. Avant, j'étais sportive, plutôt bonne nageuse, j'aimais skier et pratiquer tous les sports aquatiques, la danse classique, contemporaine ; j'aimais les animaux, les dauphins me fascinaient à cause de la liberté qu'ils symbolisaient. J'étais passionnée par la sagesse et l'authenticité que la nature représentait. Maintenant dès que j'arrivais de l'école, je posais mon sac, j'attrapais un goûter et redescendais dans la rue où je restais le plus tard possible. Je faisais la compétition toute seule autour du pâté de maisons. Je m'échappais pour cavaler en roller-skate, améliorant sans cesse mes performances. Je courais après je ne sais quoi, pour surtout ne pas être à la maison. C'était de moi à moi. C'était une liberté, des sensations, un dépassement de soi. Comme l'alcool, puis les premiers joints, jusqu'à la poudre et la seringue.

Je cours toujours pour m'éloigner de l'enfance. Et, ce jour-là, je cours retrouver Jarv qui doit encore dormir. Il a disparu, le lit est vide.

Quelqu'un, je ne sais plus qui, me renseigne.

« Non, il n'est pas là, il a été emmené aux urgences dans la matinée, mais il était mort.

– Mort ? Mais non ! Impossible ! Quel hôpital ? »

Je cours comme une folle aux urgences de l'hôpital voisin. À la réception, je demande à voir un jeune homme qui a été amené par les pompiers, je le décris précipitamment.

« Il est antillais d'origine, il s'appelle Jarv. Il a les cheveux très courts, grand et très mince. On a dû vous l'amener dans la matinée. On m'a dit qu'il est mort !

– Non, ce n'est pas possible, j'étais de garde toute la nuit aux urgences, et on ne nous a pas amené de mort. Je l'aurais vu passer. Mais qui êtes-vous ? Vous êtes de sa famille ? »

Je respire un peu mieux en me disant qu'il est sûrement quelque part dans l'hôpital.

« Je suis sa sœur, enfin... par adoption.

– Rassurez-vous, il n'est sûrement pas mort. On va vous le trouver. Allez voir dans le service, là-bas... »

Elle m'indique la direction. Je quitte les urgences en courant, trouve un ascenseur, appuie nerveusement sur le bouton, et, au moment où la porte va s'ouvrir, la réceptionniste me rattrape :

« Mademoiselle, excusez-moi, comment s'appelait-il ?

– Jarv.

– Ah oui, effectivement, j'ai une fiche de réception. Mais il n'est pas passé aux urgences, alors... Je suis désolée, il est décédé. Enfin, il était déjà mort quand on l'a amené.

– Mort ? Il a fait une crise d'épilepsie ? C'est ça ? Mort de quoi ?

– Il est mort d'overdose dans la nuit. »

Le choc. Il est parti à côté de moi, ma main tendrement posée sur sa joue, et au matin je n'ai même pas senti qu'il était froid. Je dormais, j'étais cassée, ailleurs, et il est mort tout contre moi, mais seul, comme un con, sans personne pour l'accompagner. Et moi, j'ai survécu.

La seule chose que j'aie pu lui dire me résonne encore à l'esprit :

« Tu vas voir, elle est bonne cette poudre. »

Je n'ai même pas eu le temps de lui dire « je t'aime ».

La mort existe, elle est bien réelle, et c'est la première fois que je me cogne dessus. Mon ami, le meilleur, mon Jarv, l'a rencontrée en silence dans son dernier shoot. D'habitude, on se disait tant de choses, et voilà que toutes les choses encore à dire ne le seront jamais. Combien sa tendresse était importante pour moi. Il me protégeait avec tellement de bienveillance, pour ne pas qu'on me blesse encore. Je venais de perdre un frère. Au lieu de cela, dans la précipitation du manque et du plaisir à venir, j'ai seulement dit : « Tu vas voir, elle est bonne. »

Je me suis endormie tendrement avec lui, sûre de le retrouver le lendemain, et je suis revenue en courant pour le réveiller. J'avais même des croissants.

Je me rends compte que je l'ai laissé mourir parce que j'étais assommée de poudre, et que, si je n'avais pas été à ce point égoïstement satisfaite, il ne serait pas mort. Si j'avais eu un gramme de conscience, j'aurais vu qu'il ne s'était pas endormi. J'aurais vu ce moment. C'est ce qui fait le plus mal. Ne pas avoir vu la mort arriver, celle de mon meilleur ami. Cette poudre était probablement mortelle pour un épileptique, puisque je suis vivante en ayant pris la même dose. Ce n'est pas moi qui l'ai tué, mais je n'ai rien senti. Tout simplement parce que, dans la poudre, on ne voit ni ne sent rien, justement, plus rien ne nous atteint. On ne pense même pas, en cas d'alerte, être incapable de réagir pour l'autre. D'appeler au secours. Au moins ça pour un être qu'on aime.

Alors j'arrête de shooter. Voilà, c'est dit. Du jour au lendemain. En sa mémoire, peut-être en punition pour moi, je ne sais pas. L'abstinence dure. Elle est supportable avec les joints et l'alcool, jusqu'à ne plus tenir debout. Je tiens le coup un mois, puis un autre, mais le désert affectif, le désert humain, est toujours là, en moi et autour de moi, ce vide sidéral de l'adolescence. À ce moment où l'on devrait pouvoir épanouir la somme des apprentissages de son enfance, en supposant qu'ils soient corrects, ce moment où l'on devrait pouvoir se découvrir soi-même – une plante qui a poussé et fleuri –, où l'on devrait pouvoir se montrer et dire : « Je ne suis pas une orchidée, une fleur de nénuphar, une pâquerette ou un pissenlit, je ne suis rien de ce que vous voudriez que je sois. Vous me vouliez jaune, je suis rouge ! Vous me vouliez en rose rouge de Baccarat ou en marguerite des champs ? Je n'avais pas le choix ? », on me lançait : « Tu as plutôt intérêt à être une orchidée... sinon, tu finiras coquelicot ! »

Et alors ? Si j'ai envie d'être un coquelicot ou une fleur de tiaré !

Et si les mathématiques m'emmerdent ? Passer « mon bac d'abord » ? Est-ce une garantie d'être heureuse ? Et si l'obligation de remplir toutes les cases qui vous conviennent me donne envie de mourir d'avance ?

Après plus de deux mois sans avoir rien pris, je commets la bêtise d'aller voir un film de Bertolucci, *La Luna*. La seule image dont je me souvienne est celle de ce petit gamin dont les parents se battent, qui essaie de s'en sortir tout seul et continue à shooter désespérément jusqu'à mourir enfin. Il est libéré, il ne lutte plus. C'est fini. Plutôt mourir que de ne pas être le coquelicot rêvé. Je sors de cette salle pour courir directement chez un dealer, alors que je n'ai pas d'argent.

« Avance-moi, je reviendrai, je te rembourserai !

– On dit ça... »

C'est difficile de demander une avance dans la poudre. Ça ne marche presque jamais. Je fais le forcing, j'arrive à convaincre.

« Écoute, te pose pas de questions, vas-y, avance-moi, je reviens illico t'apporter l'argent ! »

Je ne savais pas comment, mais j'étais obligée de replonger dans la recherche de l'argent pour la poudre, et de reprendre de la poudre pour dénicher de l'argent. Je l'ai remboursé, je ne me souviens plus comment. J'ai dû plumer [1] une porte. Ou rafler un sac.

Je retrouvai mon ticket pour l'enfer de la drogue. Il a duré quatre ans de ma jeune existence, et j'ai frôlé la mort d'abord pour survivre, et pour revivre enfin.

Comment expliquer cela à l'autre ? Celui qui a vécu ou vit son adolescence à l'abri des grands coups de couteau de la vie ? Simplement en avouant la vérité. Si la vérité est dite dans le but d'être utile, alors elle peut et doit servir.

J'aime la vérité, pour l'avoir si longtemps cherchée et aujourd'hui, elle ne me quitte jamais.

1. Ouvrir une porte au pied-de-biche.

2.

Je dois avoir deux ans. Peut-être un peu moins, mais guère plus.

Deux silhouettes dans l'ombre d'une pièce. Sentiment étrange, certitude qu'il ne s'agit pas de ma mère avec mon père, mais de Paquita, ma cousine venue d'Espagne. Elle, notre sœur aînée d'adoption.

On me dit souvent que je lui ressemble. Peut-être trop souvent. Se pourrait-il qu'elle soit ma vraie mère ? Cette méprise va durer des années. Fausse interprétation que personne ne dément, mais est-ce que je pose seulement la question ? Non, pas à ce moment-là. L'enfant Hélène ne sait plus rien, d'autant plus que le ménage parental se disloque officiellement des années plus tard. Je ressens une colère sourde qui me ronge. En colère aussi lorsque la séparation se précise. Impossibilité de raisonner clairement sur la question posée par maman :

« Si tu devais choisir, tu irais vivre avec ton père ou tu resterais avec nous, ta sœur et moi ? »

Je ne peux pas choisir. Je ne sais même plus si maman m'a réellement demandé de choisir. Si elle l'a fait, c'est que je ne suis pas sa fille, mais celle de

Paquita. Je lui ressemble comme deux gouttes d'eau... Je suis une goutte qui n'a rien à faire dans ce bocal où vivent, comme des poissons rouges, ma mère, ma sœur aînée et ma grand-mère paternelle, trois femmes tournant en rond autour du père. Un clan en vase clos dont je me sens exclue, que je veux fuir à tout prix.

La première échappée est de vouloir aller à l'école toute seule, à pied. Je ne veux plus qu'on m'accompagne. Ensuite, je me tire pour les week-ends en m'inscrivant chez les scouts.

J'ai dix ans. Le mercredi, après-midi de liberté provisoire chez les scouts. Je vise les week-ends, les camps, les sorties en groupe, pour me libérer des affreux dimanches en famille. Dès qu'on m'a autorisée à partir les week-ends, j'ai mieux respiré. Mes premières sensations de liberté sont venues de là : l'esquive du dimanche sous la tente, les après-midi à faire des compétitions en roller toute seule contre moi-même, à la sortie de l'école.

1973. Il y a encore des écoles de filles et des écoles de garçons. Je suis de la première année des tests de mélanges. Ils prennent deux filles, une Espagnole et moi, pour nous plonger dans une école de garçons. Il me faut apprendre les codes sociaux masculins. Et là, je commence à exister en devenant chef de bande. Comme nous ne sommes que deux filles, il y a les copains de l'une et les miens. J'apprends à me battre comme un garçon.

Dans une cour de récréation, il faut savoir se défendre, surtout dans une cour de garçons. On se bat pour trois fois rien, mais avec une violence indigne des beaux quartiers. Je sais vraiment me battre, à coups de poing, à coups de tête. Comme un jour où un type, qui n'est pas de ma tribu, me sort un truc nul, du genre vulgaire, une insulte destinée à une fille. Je le sentais venir, ce mec. Et le jour où il déclenche, je fonce dans la bagarre, la vraie. Il est beaucoup plus grand, beaucoup plus fort, mais ma technique le surprend. Et je m'acharne tellement que je le mets minable.

Personne n'est intervenu. Je prends des coups mais je lui fais mal. Et j'en suis fière et respectée. D'ailleurs, les coups m'atteignent sans me faire réellement souffrir, j'ai une sorte de blindage contre la souffrance physique. Je me suis battue une bonne fois pour toutes. À partir de cette histoire, on sait que, si on me cherche, on me trouve. Je n'ai plus besoin d'en rajouter. Cette réputation me suivra jusqu'au fond de l'enfer.

Je pense que j'exprime cette année-là une violence latente, que de toute façon je n'aurais pas exprimée à la maison. Car je n'exprime rien à la maison. J'y vis en spectatrice du mal-être des autres. Mon père est colérique et ma mère débordée par ma sœur qui va mal et se renferme de façon évidente. Sur ce terrain je m'écrase, je ne participe pas aux joutes familiales.

Ce qui est terrible, c'est que j'existe dans cette cour d'école, je peux me défendre, alors que je n'existe pas en rentrant à la maison, où je ne crée aucun conflit. Personne n'a besoin de m'interdire quoi que ce soit depuis la petite enfance. Si on me dit : « Ça, c'est non », c'est terminé, je ne reviens pas dessus. Docilité, effacement, surtout ne pas faire de vagues.

On me disait ce que je devais faire, et c'était suffisant, à l'inverse de ma sœur aînée. Elle, plus on lui disait non, plus elle insistait.

Je suis une élève correcte au début. En arrivant en CM1, je tombe sur une instit à la réputation de peau de vache, mais qui fait travailler les élèves et les aime vraiment. Assez vite, elle me lance : « Hélène, tu m'énerves ! Tu as des capacités que tu n'exploites pas. Je vais m'occuper de ton cas. »

Effectivement, en deux mois, je suis première ou deuxième de la classe, chose que je n'ai jamais tentée avant. Personne ne me fait faire les devoirs ou réviser les leçons à la maison, et là j'ai quelqu'un qui demande : « Récite-moi ta leçon », « Fais-moi voir tes devoirs », « Où est-ce que tu n'as pas compris ? ».

Je suis très attachée à cette institutrice, elle est une référence d'autorité bienveillante, et non une référence d'autorité indifférente. Elle m'a appris à lire, à compter et à écrire. Elle m'aide pendant deux ans.

Vient l'entrée en sixième. Le grand saut.

Ma nounou, Dora, ma référence dans ce bocal, celle qui tient lieu de mère nourricière, assure les repas et une présence permanente, s'en va. Elle me quitte à l'âge où l'école primaire se termine, la petite enfance aussi. Je n'ai même plus le repère de sa solidité dans la maison. L'entrée en sixième, à onze ans, c'est la sortie du bocal familial. Je vis ailleurs, comme dans un autre monde, puis je rate l'année de cinquième, et demande de moi-même à redoubler. Et, à treize ans, nulle en maths et en allemand, je survis comme je peux dans une cinquième approximative.

Je suis un poisson exotique, captif, qui rêve d'océans lointains, de coraux, de liberté en couleur. La tristesse n'a pas de couleur. Ma mère est dignement triste, soumise à la loi du genre, travaillant consciencieusement avec son mari dans « son entreprise ». Divorcer est impossible, cela reviendrait à recommencer une vie sans sécurité pour ses enfants. Il lui faut donc accepter la survie dans le bocal.

Mon père rentre et repart comme il veut. Son amour est ailleurs, en dehors de nous, et pourtant il réclame toujours le nôtre, sans vraiment claquer la porte. Il a besoin que tout le monde l'aime, celles qu'il délaisse, comme celles qu'il aime à nouveau.

Alors, l'eau du bocal devient trouble. Ma mère, dignement, se tait. Ma grand-mère ne juge pas son fils. Ma sœur est boulimique, à force d'absorber ce mal-être. Moi, je deviens carrément alcoolique, et amoureuse.

Sans prendre le temps physiquement d'en avoir envie, ou d'imaginer à quoi ça pouvait ressembler, je saute le pas, comme on dit. Peut-être à force d'entendre les copines mentir et se vanter : « Moi, je l'ai fait, et toi ? Tu l'as pas encore fait ? »

Peut-être aussi pour avoir entendu mon père déclarer, sans se préoccuper de la résonance : « En Occident, les filles sont coincées par une éducation bourgeoise. Dans les îles, ou bien ailleurs, à douze ans, elles font déjà l'amour ! Et c'est normal. »

Je me suis dit que j'étais déjà en retard...

La chambre de bonne est libre depuis un certain temps, puisque la nounou n'y est plus. Je demande à m'y installer, à en faire mon territoire. J'y passe le plus clair de mon temps avec ma meilleure amie, son frère – mon premier amour – et ma sœur. Ma sœur et la copine s'amusent entre elles, mon petit copain et moi abordons le stade des bisous et des câlins. Au bout d'un moment, les deux filles en ont marre de tenir la chandelle. Et nous nous retrouvons seuls. Il a quinze ou seize ans, j'en ai treize.

C'est une fin d'après-midi, il commence à faire nuit. Jusque-là, comme il voulait m'embrasser et que je ne savais même pas comment on faisait, je n'allais pas au-delà du flirt.

Puis je fais un séjour linguistique en Allemagne. Mon premier Allemand, dont le nom m'échappe, est beaucoup plus âgé – une vingtaine d'années. Je suis encore très gamine, mais, physiquement, grande et mince, j'ai l'air plus âgée, seize ou dix-sept ans. Et avec lui je n'ai pas honte.

Les deux ou trois premiers jours, dans cette famille allemande où j'ai vécu un mois, je pleure. Je ne comprends pas, complètement atterrée de découvrir un système de communication normal, avec des gens contents de me voir. Je suis totalement déracinée du no man's land habituel. Je tombe chez des inconnus, et ils sont chaleureux. Les jeunes s'amusent, sortent. Un mois de cuite, tous les soirs, je n'arrête plus. Il y a toujours un rendez-vous quelque part, une fête de la bière, une soirée pour danser toute la nuit.

J'ai donc appris à rouler une pelle en Allemagne. C'est là aussi que j'ai pris ma première vraie cuite et entamé la période alcoolique. Je suis rentrée, forte de ma double expérience, avec suffisamment confiance en moi pour passer du flirt à l'acte d'amour. Non que j'en aie réellement le désir, je veux d'abord qu'on m'aime, mais, comme il le demande de son côté, je me dis : « Si je veux qu'il continue à m'aimer, il faut dire oui c'est par amour. »

C'était un automatisme, après quoi j'ai pensé : « Voilà, c'est fait, et ce n'est que ça. Quand on pense à tout ce que racontent les gens... »

Mais j'ai enfin des câlins, quelqu'un qui s'occupe de moi. Je n'ai retenu que la tendresse, et le sentiment d'exister totalement pour celui que j'aimais. Ma mère, voyant que cette histoire de petit copain devient sérieuse, m'en parle un peu, avec une certaine pudeur des sentiments.

« Hélène, à titre préventif, si jamais un jour tu venais à... il serait souhaitable de... »

Je suppose aussi que ma sœur lui a dit que, dans la chambre de bonne, il se passait des « trucs ». Ma mère m'emmène donc chez le médecin. On me donne la pilule, à titre préventif mais il ne faut ni boire ni fumer... Et je bois et je fume de plus en plus. Je m'amuse totalement, sans contrainte, je me fiche de l'opinion des autres. Je me sens débarrassée de cette obligation de toujours demeurer impeccable, appréciée, aimable – au sens digne d'être aimée – au sein du bocal familial.

Pendant l'été, j'ai rompu douloureusement avec mon premier amour, sur un malentendu. J'ai pleuré longtemps, et ma meilleure amie depuis la sixième, dépassée par mon comportement, a refusé de me suivre. Je suis seule, triste, et cette tristesse ne va plus me quitter.

Je m'enferme dans le souvenir vestimentaire de ce premier amour. Un blouson gris et rouge, qu'il affectionnait. Une chemise à carreaux usée, *la* chemise que je ne quitte plus, et *le* jean. Cette chemise est le signe que je ne suis plus une gamine. Malheureusement, ma mère, l'estimant trop usée, la fait disparaître, et avec elle le symbole auquel je m'accroche.

Et on m'a coupé les cheveux, trop court. Je ne me trouve ni jolie ni engageante. C'est le summum de la laideur. J'en ai pleuré pendant des semaines. J'avais voulu me débarrasser de ma chevelure d'enfance et avoir une tête de jeune fille, mais c'est raté, au point que la boulangère me demande :

« Et pour le jeune homme, qu'est-ce que ce sera ? »

À ma rentrée en quatrième, je suis une élève médiocre qui n'a plus d'intérêt pour l'école, mais je reste encore assez présentable même si j'évite les regards et rase les murs.

Étant gamine, j'essayais en permanence de trouver des moyens de survie. Je me souviens, cette année-là, en passant devant l'école, d'avoir ressenti comme une chape de plomb sur les épaules. J'ai réalisé que plus aucune de mes tentatives d'adaptation à la réalité ne tenait la route.

Tout fout le camp.

Avant l'été, déjà, j'ai senti que je ne comprenais pas ce milieu parental qui s'effritait, dans lequel je ne pouvais pas me tourner vers quelqu'un, où je n'étais à l'abri nulle part. Mais, pour la première fois, je suis dans l'impuissance totale de trouver une voie. Il n'y a plus de sortie. La déception sentimentale, le vide total, aucun moyen, aucune idée et personne qui puisse m'entendre et me donner une lueur d'espoir.

Cette impuissance et ce manque d'espoir sont mortels.

Je suis partie en vacances avec ma mère et ma sœur dans cet état. Les dents serrées, le regard noir, tout en essayant de donner encore un peu le change, pour les premières vacances sans mon père. Cette fois, je suis cloisonnée, je n'ai plus le dynamisme de l'enfance pour envisager qu'il y a d'autres solutions que la glissade. Plus les moyens de m'adapter, et je n'ai pas encore quatorze ans.

C'est au retour de ces vacances que je rencontre la bande de motards. Je sors avec l'un d'eux pendant un mois environ. Patrick est très amoureux. Il est beau, il a une belle moto, c'est une sorte de Johnny Hallyday, grand, blond, une vingtaine d'années. Il est en admiration devant moi et je ne comprends pas pourquoi. On fait de la moto, on s'éclate. Deux de ses copains motards, Philippe et Jean-Louis, son frère, travaillent chez leurs parents dans une épicerie fine. C'est avec cette bande-là que je sors en boîte régulièrement. On m'emmène dîner. J'ai la sensation d'être une femme très entourée, et ça me suffit. Amoureuse ou pas, je n'en sais trop rien, me voilà partie avec Patrick, en Normandie, pour un week-end à moto. J'y suis autorisée. On sait que j'ai déjà des relations avec des garçons, et qu'il vaut mieux me laisser respirer, tant je suis mal à la maison. Cette deuxième expérience ne me fait pas vibrer. Au retour de Normandie, je me détache de Patrick, pour me rapprocher de son ami Philippe.

Le soir, dans les boîtes, j'attaque au whisky sec, un, deux, trois, quatre verres, et je finis à dix, quinze. Nous sortons trois fois par semaine – le mardi soir, car il n'y a pas cours le lendemain, le vendredi et le samedi, où je dors chez une copine. Les garçons nous rejoignent, Philippe chargé de bouteilles de whisky de luxe.

Mon foie en prend un coup. Je bois jusqu'à en être malade, à vomir, pour reboire ensuite. Assez vite, je sors les autres soirs de la semaine, même s'il y a cours le lendemain. Je ne dessaoule presque plus. En entrant du lycée, je tape dans le bar. J'ai découvert le stock dans le cagibi des parents. Un verre toutes les demi-heures environ, jusqu'à retrouver cet état d'anesthésie joviale et désinvolte qui me permet de ne plus ressentir le vide.

Je me demande où sont mes parents à cette époque. J'ai le vague souvenir de voir passer ma mère. Mon père n'est pas là, c'est sûr. Je ne vois pas non plus ma sœur, elle doit être en cure d'amaigrissement. J'ai le champ libre. Je bois avant que ma grand-mère vienne pour regarder son feuilleton du soir. Ivre, j'attends qu'elle reparte chez elle, à côté de chez nous, pour continuer. Ma mère rentre tard. Quand elle arrive, je suis déjà retournée dans ma chambre, sur le palier. Dans mon souvenir, il n'y a le plus souvent personne lorsque je rentre du lycée, et du coup je peux me saouler avant même de croiser quelqu'un.

Il faut bien rentrer quelque part se doucher, se changer. Je ne mange plus vraiment. Je ne fais que boire. J'étouffe tout sentiment et toute réaction dans l'alcool. Simplement une sensation de totale impuissance et d'obligation de survie pour ne pas faire de peine aux autres.

Je survis ainsi six mois pleins.

Mes parents sont en pleine séparation, il n'y a plus personne nulle part. Et je débarque à l'école le matin dans un sale état, incapable de suivre les cours. Ma sœur se rend compte de ma dérive, je suppose, mais elle a ses propres problèmes. Mon père déménage chez sa nouvelle compagne et ma mère croit que je sors avec une bande de copines et dors chez elles. Elle pense que ce n'est pas plus mal pour moi d'avoir une vie à l'extérieur, pour échapper à l'ambiance de cette séparation.

Et, pendant ce temps, je passe mes nuits en boîte à Paris, où j'attaque d'emblée avec deux, trois whiskies avant même d'avoir commencé à danser. Mon copain s'en inquiète, il est bien le seul.

« Que tu boives un peu quand tu sors, c'est normal. Mais tu te rends compte que tu bois plus que nous ? On n'avale pas le quart de ce que tu descends dans une soirée !

– Mais ça va ! Ça va ! »

Je ne suis pas malade, sauf à lui faire arrêter la voiture sur le périphérique pour vomir de toute mon âme. Je ne ressens plus rien d'autre que lui, sa présence, son amour. Je suis tellement épatée qu'on puisse faire attention à moi, me sortir, se demander si j'ai faim, soif ou froid. C'est la seule chose qui compte à mes yeux. Et puis tout est facile ! J'ai l'air d'avoir dix-huit ans, et personne ne se pose la question de ma minorité dans la boîte, où la petite bande fait partie des habitués. Je n'ai même pas besoin d'argent.

Philippe s'inquiète. Il voit bien que rien ne peut m'arrêter. Aucun instinct de survie, pas une miette de respect de soi. Il m'a prise comme un oiseau sauvage tombé de la branche. Je pense qu'il m'aime vraiment, mais qu'il tente de m'empêcher de boire commence à m'énerver. Peut-être se sent-il mal à l'aise de trimballer avec lui une fille complètement cassée tous les soirs. Il se sent obligé de me contenir, mais je l'envoie sur les roses régulièrement. Gentiment mais fermement.

« Lâche-moi, je ne vois pas où est le problème. Tout le monde boit. C'est pas de la drogue ! »

Lui et ses copains prennent des risques. Avec leurs grosses cylindrées, ils font la course comme des dingues. Tous les vendredis soir, c'est le regroupement à Bastille, pour filer ensuite à Rungis sur un circuit sauvage, où ils s'éclatent à faire des tours de vitesse, totalement pétés. Et pas l'ombre d'un flic.

Un de nos copains s'est fracassé, une nuit. Il était gravement défoncé. Il ne s'est pas retrouvé en fauteuil roulant, mais presque. J'aurais dû avoir peur cette nuit-là, mais rien ne m'arrête. Philippe a la chance d'avoir une famille, un nid. J'aime ça, mais ça me rend destructrice à mon tour, car cette chance révèle mon propre manque de structure. Je romps douloureusement avec Philippe, en sachant que je casse quelque chose de solide.

Il n'arrive pas à m'empêcher de glisser, et il ne comprend pas pourquoi.

Comment lui dire qu'une fois bourrée d'alcool, au point d'en vomir, lorsque je rentre chez moi, je ne trouve que du vide, et que ce vide est d'autant plus vertigineux que je côtoie sa famille, où j'ai l'impression d'être « chez moi ». Mais je n'y suis pas. Et je suis trop jeune pour pouvoir décider de vivre avec lui. Je suis trop petite pour être grande ! Et même si tout fout le camp, si c'est le vide chez moi, je me dois de préserver ce qui reste. Ne pas faire souffrir ma mère, ne pas compliquer une situation qui l'est déjà trop. Je ne juge personne, mon père a le droit d'aimer ailleurs, ma mère a choisi de le supporter dignement. Moi, je dérape, c'est mon problème.

Je m'arrache de Philippe comme un sparadrap, vite et mal. Brutalement, un soir, je disparais de sa vie, et il ne parvient plus à me joindre qu'au téléphone.

« Je ne veux plus, je ne veux plus.

– Au moins, tu pourrais venir me le dire en face.

– D'accord, j'arrive, mais en bas de chez toi. »

Je cours, je me dépêche pour qu'il ne souffre pas trop.

« Voilà. Je n'ai pas à te donner d'explications.

– Mais pourquoi ? Il y a quelqu'un d'autre ?

– Non. Je n'ai pas d'explications à te donner, c'est comme ça. »

Je referme la porte sur cette histoire et m'échappe en courant. C'est une fin de journée d'automne.

Quelque temps auparavant, j'ai fait ce que l'on appelle un coma éthylique. Un samedi soir, chez une amie, alors que je me réveillais à peine de la cuite précédente, j'ai attrapé au vol le magnum de whisky que venait d'apporter Philippe pour la soirée. Le temps qu'il ôte sa veste et dise bonsoir aux autres, j'en ai ingurgité les trois quarts.

Cul sec, comme on avale de l'eau après une journée sans boire.

J'avais soif, simplement soif. J'en ai bu d'abord la moitié d'un trait, soufflé une minute ou deux, et sifflé un bon quart avant de la reposer. J'étais à jeun et encore bourrée de la veille. Je me souviens de la montée de l'alcool dans ma tête, d'abord assez forte, puis violente. Je me suis levée pour aller voir les autres, je tenais encore vaguement debout, mais commençais à tituber, et je m'agrippais aux murs. J'ignore ce que j'ai demandé à ma copine, mais elle a répondu :

« Attends cinq minutes !

– Tu fais chier...

– Mais, Hélène, dans quel état tu es ? »

J'ai dû répondre quelque chose du genre : « Je t'emmerde. »

Je ne me rappelle plus la suite, sauf une dernière image où je me vois attraper ma copine pour lui taper dessus. J'étais dans le brouillard, mais je cognais. Ensuite, plus rien. Je me suis réveillée à l'hôpital. Philippe a eu très peur. D'abord que je ne m'en sorte pas. Ensuite des conséquences. Il avait dû appeler une ambulance. J'étais mineure, et les parents de ma copine avaient été mis au courant. J'avais fait un scandale, cassé des objets, je ne pouvais plus dormir chez elle. Et c'est là que j'ai décidé de ne plus boire – d'ailleurs, je ne pouvais plus avaler une goutte de whisky et je n'ai plus jamais été capable d'en boire ! J'ai dû rester dans le coma l'équivalent d'un jour ou deux. Le lundi matin, j'étais supposée aller en cours, mais je n'étais pas en état. Ma mère est venue à l'hôpital.

Version urgente et rassurante pour une maman inquiète :

« Comme je ne bois jamais, et que, pour une fois, j'ai bu, mais un peu trop, je ne me suis pas rendu compte. Je n'avais pas mangé, ça doit être ça. J'ai dû boire un ou deux whiskies, et j'ai été malade. »

Elle me croit. Elle ne peut pas imaginer que sa fille de quatorze ans soit capable d'avaler les trois quarts d'un magnum de whisky cul sec en moins de cinq minutes.

Ma mère a essayé de contenir seule la situation, sans réaliser que j'étais déjà hors limite – je faisais tout ce qu'il fallait pour qu'elle ne le voie pas. Je masquais, je m'organisais minutieusement pour qu'on ne détecte pas ma plongée. Je ne donnais pas de signe de désespoir évident à la maison, ou en réponse aux questions qu'on me posait. Je me culpabilisais, du coup, non pas d'aller mal, mais de mentir et de faire des choses moches, de trahir la confiance de ma mère. En même temps, je ne la trahissais pas, je la protégeais. Mon souci n'était pas de ne pas plonger en enfer, mon souci était de l'en protéger.

Je coulais, je coulais, je coulais... et je me débattais pour tenter de garder la tête hors de l'eau. Et plus je me débattais, plus je coulais, comme dans des sables mouvants. Mais sans savoir, sans pouvoir demander de l'aide.

J'ai découvert les pétards presque aussitôt.

3.

Je ne bois plus, mais je sèche les cours de plus en plus en fabriquant des mots de sortie, des mots d'excuse. Les notes faiblissent, je n'ai plus d'attention en cours, je me contente d'un acquis à peu près correct. Les profs s'inquiètent quand même. Ils ne peuvent pas ignorer que, il y a peu de temps, j'arrivais bourrée en classe, mais ils ont mis « ça » sur le compte du divorce. C'est tellement plus simple pour eux comme pour moi de se contenter des apparences.

Le seul qui a vraiment vu quelque chose, c'est un prof de français.

« Qu'est-ce qui se passe, Hélène ? Tu t'écroules de fatigue.

– Mes parents sont en train de divorcer, c'est pas la bonne ambiance. »

L'esquive toujours. Le conformisme facile. La désinvolture de l'adolescent qui répond invariablement : « C'est bon, ça va ! Lâche-moi ! »

En fait, je ne veux pas le vivre, ce divorce, et je ne peux pas non plus en parler à l'extérieur. Et puis je veux qu'on m'aime, je refuse d'être un problème. J'ai l'impression d'avoir un père et une mère tellement fragiles qu'il faut absolument que je me prenne en charge seule.

J'ai déjà vu autour de moi des gens fumer des pétards. Le pétard est à la porte du lycée, du café du coin, et à chaque carrefour. Je clope depuis l'âge de onze ans, mais juste du tabac. J'ai un nouveau copain qui fume devant moi, je vois donc passer des barrettes de shit, et je me suis fait une amie, Sab, plus extravertie que moi, avec des parents pas très présents. Plus délurée, plus punk, elle se démarque des autres – vêtements plus agressifs, cheveux hérissés –, alors que je n'en suis pas encore là. Elle fume déjà des pétards, et elle est entourée d'un petit groupe de potes qui font comme elle. Je la voyais bien dans sa peau, n'ayant peur de rien, séchant les cours sans états d'âme depuis longtemps. Ses parents préféraient ne pas savoir, ils la laissaient s'habiller comme elle voulait. Elle faisait figure de libérée, par rapport à moi qui me sentais encore une gamine adolescente un peu complexée. Et puis, un jour, un joint passe sous mon nez...

J'ai commencé à fumer des pétards avec elle.

Le premier, dans une chambre de bonne mansardée, quelque part dans Paris. Ses copains étaient là, ils fumaient tous. Je n'avais pas de motivation à dire non, j'ai dit : « Allez, vas-y, fais passer le pétard. » Je les avais vus fumer souvent, et j'étais d'habitude plutôt dans le refus gentil : « Non, j'ai pas envie, je sais où ça mène. » Et ce coup-là, j'ai répondu : « Après tout, fais tourner. »

Je les vois rigoler, déconner, raconter des trucs. Entre eux, plus de barrières. Leur comportement de fumeurs de joints n'a rien à voir avec celui que j'ai connu dans l'excès d'alcool. Maintenant, l'alcool me paraît comme une vomissure, alors que le pétard est décontractant, marrant, donc moins dangereux. Le garçon en face de moi fume depuis longtemps, et n'a jamais essayé autre chose, alors que jusque-là mon recul devant le pétard venait du fait que c'était prendre le risque de passer à des drogues dures, d'entrer dans l'illicite. Jusque-là, je déconnais dans le licite. Je ne transgressais pas la loi sociale.

Ceux qui fument, je les trouve en moins mauvais état que ceux qui boivent. Ils ne dégueulent pas, ne sont pas ridicules, ou bêtement méchants. On est moins malade le lendemain, et ça me semble vivable. Après, avec le temps, j'en penserai autre chose, mais sur le moment c'est ça.

Depuis cette époque, je me suis rendu compte que le pétard tue l'énergie qui est en nous et nous rend fragile. Il faut le savoir si l'on ne veut pas s'abrutir et, avec le temps, rendre tous nos projets aléatoires et finalement ne rien concrétiser vraiment. Aussitôt après les vapeurs des premiers jours, cela ressemble à une bataille contre un « petit monstre » qui nous consume de l'intérieur et qui s'élimine comme un parasite lorsqu'il n'est plus nourri régulièrement. C'est la même chose pour les consommateurs d'alcool, de tabacs ou de calmants que pour les fumeurs de pétards ou les accros aux drogues dures. Cette régularité destructrice nous rend tous accros à des degrés différents. Licite ou pas, douce ou dure, la nécessité de cette consommation quotidienne de drogue révèle un même mal de vivre insurmontable. Mais le produit lui-même provoque exactement l'inverse de l'effet recherché, il est bien plus insidieux et redoutable, apparemment sans aucune solution de « secours » sinon celle de recommencer à se polluer encore. Ainsi la volonté d'en sortir se heurte à toute raison et à cette ombre de nous-même qui occulte tout espoir. Bien comprendre ce piège évident aide à mieux s'en méfier. Sans le savoir, je me suis polluée toute seule et m'y suis laissé piéger.

En fait, on avait tellement diabolisé la « fumette » que, la première fois, j'ai naïvement pensé que finalement ce n'était pas si grave et j'ai trouvé ça agréable.

Je vois d'abord une notion de partage et d'échange. Moins solitaire que dans l'alcool. On part dans des discussions ensemble, on imagine, on délire, on échange des rêves. La parole est libérée. Et cela ressemble à de l'amour. Il y a des mots et des comportements qui ne sont plus interdits. On peut se prendre dans les bras, exprimer de l'affection, on n'a pas peur de la tendresse de l'autre, on ne se sent pas ridicule d'être sensible, on croit mieux capter les émotions. Le pétard libère le carcan de la raison, de l'éducation. On a l'impression d'être plus perceptif à ce qui se passe à l'intérieur de nous, mais aussi à l'extérieur. Maintenant, si j'entends parler les gens qui fument, je les trouve « fumeux », justement. Mais à ce moment-là, je trouve extraordinairement libératoire ces discours sans fin où l'on imagine plein de choses : « On ferait ci, on ferait ça, je vais faire ci, je vais faire ça » – et en réalité les années passent et rien ne se fait, le voile s'épaissit.

Comme s'il y avait un point zéro entre le rêve et la réalité. Entre l'imaginaire, la créativité et l'intuition, et la dure réalité raisonnable. Le moule dans lequel il faut absolument entrer, même si on n'est pas fait pour lui. Alors qu'on rêve de partir, de découvrir d'autres pays, d'autres cultures, de quitter la famille, les parents, les études, de fuir l'avenir médiocre que l'on nous promet à répétition :

« Sois sage et passe ton bac, prends la suite de papa ou de maman, ou file à la fac, avale les diplômes, sinon tu vas mourir de faim, de froid, et personne ne t'aimera. »

Il n'y a pas d'autre alternative à quatorze ou quinze ans, pas de possibilité d'être seulement soi-même, différent des autres, d'avoir des rêves qui puissent devenir réalité si on s'en donne les moyens. Alors, les ados fumeurs de pétards rêvent d'ailleurs, là où on devrait trouver l'essentiel, même s'ils n'ont aucune idée de l'essentiel ! En revanche, en comparaison avec l'avenir effrayant qu'on leur propose, c'est déjà la liberté.

À quatorze ans et des poussières, j'ai mes idées sur ce que les adultes appellent la « crise d'adolescence ». Je crois que c'est un âge où l'on a encore toute l'énergie et la passion de l'enfance, l'élan, la créativité, l'imagination, et si on n'utilise pas tout cela, si l'on ne nous donne pas de support à cette créativité, cette énergie – privée d'outil de dépassement de soi, de valorisation de soi – se retourne contre nous. Et le pétard n'est qu'un pis-aller. Il bouffe cette énergie. Il gomme la révolte, celle qui permet de faire évoluer les codes sociaux et les mentalités. On roule un pétard au lieu d'aller se battre pour les animaux, pour la liberté, contre les mines antipersonnel, ou simplement contre soi-même, dans un sport. On rêve au lieu de hurler : « Je ne veux pas prendre la suite de mes parents, je ne veux pas devenir comptable, ou vendeuse, je ne veux pas qu'on m'enferme dans ce que vous voudriez que je sois ! Je veux soigner les animaux ! Je veux faire de la musique ! Ou du théâtre ! Je veux repeindre les murs des villes ! Je veux vivre au bout de la terre, avec les oiseaux ! »

Beaucoup d'adolescents rencontrent le pétard, forcément, et certains vont recevoir des outils, s'ils ont la chance d'avoir des parents qui prennent le temps de cultiver chez eux leur spécificité, un avenir qui ne soit pas un amalgame de ce qu'ils ont vécu ou n'ont pas vécu. Mon père voulait nous transmettre son entreprise, alors que je voulais soigner les gens. J'aurais eu en main une entreprise qui fonctionnait et les capacités commerciales suffisantes pour la continuer, mais ce n'était pas ma vie à moi, ce n'était pas ma spécificité ; je ne pouvais pas abandonner tous mes idéaux.

Vendredi 30 septembre 1977. J'ai quatorze ans et demi.

Je ponds une rédaction sur la drogue, après avoir lu un bouquin déniché dans une librairie, c'est le titre qui m'a attirée. *Pourquoi* [1] ? Il raconte l'histoire de la descente d'un adolescent dans la défonce. À la fin de l'histoire, on le retrouve mort.

Je récolte une note minable, en raison de l'orthographe. Huit sur vingt. Pourtant, j'ai choisi ce bouquin pour comprendre ce qui se passe dans la tête de quelqu'un qui se drogue. J'ai voulu expliquer la solitude, le manque de tendresse, l'absence de vraie communication en famille, le poids des problèmes des adultes, tout ce qui pèse lourdement sur l'adolescent, l'oblige à fuir, à trouver un espace de liberté pour oublier ce qu'il ne peut pas régler seul. Même si cette fuite le conduit à la mort. Et ma conclusion, en forme d'appel au secours, la réponse au « pourquoi », est la suivante :

« Trop de solitude et d'incompréhension. Il aurait fallu juste un peu de tendresse. »

Ma raison et mon intelligence savent donc dès le début qu'il y a risque de mort dans la dope. L'info, celle que les adultes s'efforcent de nous faire pas-

1. Anouk Bernard, Paris, Seghers, 1977.

ser, je l'ai. Je pense maintenant que quelqu'un, le professeur en tout cas, aurait dû s'inquiéter de cette rédaction, tant j'ai exprimé le désespoir de l'adolescent, sa destruction lente, puis l'explosion mortelle.

Je me suis mise à fumer des pétards environ trois mois plus tard.

L'année suivante, j'ai repris le sujet du livre dans une nouvelle rédaction, et cette fois j'ai obtenu le bon commentaire et la bonne note : quinze sur vingt, « Très bonne analyse ».

Entre-temps, je suis déjà passée du pétard à l'héroïne. Et personne ne m'a vue glisser. J'ai perfectionné ma technique de dissimulation, je me suis dédoublée. En famille, je tiens mon rôle, je porte un masque comme les adultes. Dans la rue, je suis une autre.

J'entame la période de l'acide. Ce n'est pas ma copine Sab qui m'entraîne, j'y serais allée de toute façon. Je n'ai plus besoin des autres pour trouver ce genre de plan.

L'acide, c'est dramatique. Il y a des moments où ça fait peur. On sent monter le produit, il monte, monte dans le cerveau et la réalité devient folle. Un trip, c'est un voyage vers l'inconnu. On ne sait ni où on va ni si on reviendra et ce n'est pas grave. J'ai vu des gens bloquer, j'ai vu des gens finir en asile psychiatrique, avec un acide. Les escaliers bougent, la sculpture se met à vivre. La première fois, on m'a dit : « Attention, tu risques de te prendre pour un oiseau, de t'envoler du balcon et de t'écraser en bas », et ce n'est pas une blague. Je me suis vue regarder du balcon, en pensant : « C'est sûr, je dois pouvoir voler. Allez, j'essaie ? »

Non, je n'essaie pas. Heureusement. On m'a tellement répété : « Attention, tu vas croire que... mais non ! », que le message est inscrit quelque part dans mon cerveau.

Mais la sensation, la certitude que je pourrais voler est bien là. On a beau savoir par l'expérience des autres, et la simple logique, que c'est impossible, on est totalement convaincu qu'il suffit de s'élancer pour voler comme un oiseau. Le danger, c'est la distorsion de la réalité, la sensation qu'il n'y a aucune limite, que rien n'est figé, que les contraintes matérielles disparaissent. Dans le monde de l'adolescence, la réalité m'étouffe et m'angoisse. Et soudain, elle s'assouplit. C'est la sensation d'explorer un monde que les autres ne voient pas. Je me souviens de jeux de lumière à travers les vitraux colorés ; aucun détail ne m'échappe dans ce prisme extraordinaire. Mon œil est un kaleidoscope ultraperformant. Mais je vois aussi des images effrayantes. Une araignée, une fourmi, un cafard surdimensionnés, et d'un coup je me retrouve avec des Aliens. Et si la seule fuite possible était de sauter par la fenêtre, alors que je suis au dixième étage, je sauterais par la fenêtre. Et même lorsque le trip redescend, on voit des cafards partout, ils grouillent, ils pénètrent partout. C'est immonde. Les émotions deviennent intenses. Les objets sont vivants. On regarde une pierre et on lui parle, on est en communication avec un caillou. C'est un moment de folie, qui en principe n'est pas permanent, sauf si on ne revient pas du trip. On s'en sort quand on arrive à attribuer à cette folie l'effet du produit, et non à la ramener dans la réalité comme une vérité.

Folie, mort possible, je ne prends plus rien en compte. Je n'ai déjà plus de limites. Le danger est plus motivant que la mort elle-même. J'ai envie de sortir de prison. La curiosité des gamins qui n'ont pas de motivations dans la vie normale. Pas de repères stabilisants. Plus j'avance dans la drogue, plus c'est une aventure, une chasse au trésor. Peut-être, au fond, une envie de vivre à en mourir. Chaque acide est un voyage que je crois libératoire. Pendant une certaine période, je tripe deux fois par semaine environ, puis une ou deux fois par jour. À ce rythme-là, je suis bien allumée. Je ne tiens pas en place, je marche la nuit, sans ressentir ni froid ni faim, émerveillée devant une affiche dans le métro, horrifiée devant une mouche qui tourne autour d'une crotte de chien. L'autobus a une tronche d'hippopotame, la vieille trop maquillée une tête de cadavre, la blonde aux racines mal décolorées est un épouvantail, le talon qui dépasse d'une chaussure, fendillé, est une falaise crevassée... Les pellicules sur les épaules de ce type, c'est à vomir. Les choses prennent une intensité diabolique. Et c'est cette intensité qui procure à la fois une sensation d'irréalité fantasmagorique et d'horreur totale.

On peut passer deux heures, dilué dans les étoiles, à croire que le vent traverse notre corps. À la sortie, on a seulement gagné une crève redoutable et une redescente qui donne des envies de suicide.

On aurait dû être alerté assez vite par le changement des couleurs que je portais. Juste avant, j'affichais encore du beige, du bleu ciel, du blanc – des couleurs effacées, convenables, qui passent partout. J'étais encore dans le silence. « Oubliez-moi, j'ai rien à dire. » Même dans ma période d'alcool, je portais des gris clair, jamais de rose ou de vert pistache... Je ne voulais pas être visible.

Mais fréquenter des copains qui s'habillent autrement et l'acide, c'est un changement radical. Je suis dans le noir, dans le rouge, dans le cuir, dans le bleu électrique, dans le strass. Je veux me dissocier. Je veux marquer la différence et signaler l'agression de la vie. Visiblement, je m'agressais moi-même. J'avais des boucles d'oreilles en surnombre, huit trous aux oreilles, trois ou quatre centimètres de cheveux sur la tête, des teintures au henné, toute la panoplie. Jusqu'à la plaque de gaz autour du cou pour la porter en guise de médaillon. Il y avait une volonté de transformer ce que je n'arrivais pas à être, de me détruire et d'agresser « l'autre » par le biais d'une violence vestimentaire.

C'était l'après-baba cool – une race presque méprisable pour nous, avec leurs cheveux longs, qui serinait partout « peace and love ». Nous, on les trouvait ringards et vieux.

Pour les parents, ç'aurait dû être une alerte, ce besoin de rendre visible l'agression que je ressentais de l'extérieur et retournais contre moi. Un autre signal, c'était le son qui agresse, la musique trop forte, hurlante, des textes porteurs de messages, *no futur*, *destroy*, etc.

Plus jeune, je suis passée des Beatles au groupe Téléphone, puis aux Sex Pistols, une musique choquante, mais dont les textes me convenaient : des phrases du type « Je veux être moi », ou « Ne pose pas de question, il n'y a pas de réponse ».

Il me faut de la violence, des hurlements, des mots cinglants taillés au rasoir. Les matières, les couleurs, les messages, les sonorités, à ce moment-là, sont importants. Pour les adultes, ce devrait être une alerte. Il ne s'agit pas d'un appel au secours, mais de la représentation extérieure du refus de la société que l'on me propose. La volonté aussi d'afficher l'appartenance au groupe choisi.

Crise d'adolescence, problème de divorce des parents, ça passera. L'adulte se contente de la généralité, il observe cette tempête de loin, sans se mouiller.

Le premier indice, au début de la fumette, se passe à table ; mon père, lors d'une de ses visites régulières depuis qu'il n'habite plus avec nous, aborde le sujet.

« Il paraît qu'on en trouve partout, je ne comprends pas, je n'en ai jamais vu. Et toi, on t'en a déjà proposé à l'école ?

– Oui.

– À quoi ça ressemble ? Et ça fait quoi comme effet ? »

Je réponds que ce n'est pas méchant, qu'il ne faut pas diaboliser, rien de dramatique. Mon père en rajoute.

« Un de mes collaborateurs m'a dit que fumer un pétard, c'est plutôt agréable, comme si on avait bu un coup, mais moins dangereux, et qu'on a surtout tendance à rigoler. »

Mon père me raconte tout ça ? Moi, du coup, je confirme.

« C'est ça, c'est pas parce que c'est interdit par la loi que c'est plus terrible que l'alcool ou les médicaments.

– À quoi ça ressemble, une barrette ?

– À l'occasion, je te rapporterai une boulette.

– Mais combien ça coûte ?

– Cent francs la barrette.

– Si tu en trouves, dis-le moi, je te passerai cent francs. Juste pour goûter et ne pas rester idiot. »

Je considère que mon père manifeste une curiosité et une largesse d'esprit réconfortantes. Il peut aussi vouloir me tester, mais je ne le crois pas.

« Il se trouve qu'un type m'a laissé une barrette. Si tu veux goûter, je te la donne, mais il faut quand même que je le rembourse.

– D'accord. »

En réalité, j'ai quatre ou cinq barrettes de shit en réserve. Et à table, un dimanche, me voilà à quatorze ans en train de rouler un pétard à mon père, en présence de ma mère et de ma grand-mère. Au moins, il veut goûter. Je préfère ça au discours stupide de l'adulte qui ignore de quoi il parle et condamne sans savoir. Et puis j'ai le sentiment, ce jour-là, de le rassurer, comme d'habitude.

Désarmé et pour se rassurer lui-même, il m'expédie chez une psy. Comme il a lui-même fait une analyse, je suppose que c'est un réflexe, m'envoyer ailleurs vider mon sac. J'aurais préféré l'échange direct, la vraie communication – c'est ce que je réclame depuis l'enfance : le bas les masques. « Dis-moi qui tu es, je te dirai qui je suis. » Non pour juger, mais pour comprendre, pour assainir ce vide, ce silence de ma mère et ce désert du père libéral, mais absent.

Mon père devait se douter que je fumais, il en a la confirmation immédiate ce jour-là. Mais il imagine que c'est une histoire d'entourage, un truc d'adolescent qui va forcément passer.

Je ne sais pas vraiment si ce pétard est l'élément déclencheur pour me pousser chez un psy. Peu importe, c'est une femme, elle n'est pas désagréable, mais passablement désarmée devant la dérive que je lui raconterai par petits bouts en une dizaine de séances. Elle essaie classiquement de me faire parler de mes parents, du divorce, mais ce n'est vraiment pas le problème du moment. Et moi, je n'ai pas conscience que je plonge.

Quand j'ai commencé à lui confier que j'avais pris de l'acide, d'autres produits violents, puis de la poudre, elle a compris que j'étais en pleine dégringolade et a appelé mes parents en leur disant à peu près : « Il faut qu'elle voie quelqu'un d'autre, plus à même de l'aider. »

Elle n'avait pas l'habitude des drogués. Et je ne l'ai plus revue. D'ailleurs, elle m'avait trahie en prévenant les parents que mon cas « prenait des proportions qui n'étaient plus de son ressort ». C'était grave, elle les avait alertés, inquiétés, alors que je m'efforçais de les rassurer en permanence, estimant que c'était mon « devoir ».

En même temps que la période pétard, je glisse vers le premier shoot, au milieu d'une bande de copains qui se réunissent à Nation.

Il y a un trafic un peu partout dans Paris, mais la spécificité de la Nation, à l'époque, est une pharmacie dans laquelle on peut légalement acheter les seringues, interdites à la vente normalement. C'est donc le lieu de ravitaillement obligé, proche des lycées que nous fréquentons encore. C'est notre territoire de punks, en même temps que celui des bandes des skins et des hell's qui se bagarrent entre elles.

Régulièrement, on assiste à des descentes de types du lycée Dorian et de ceux d'Hélène-Boucher. Ils s'attendent les uns les autres à la sortie. On se fait serrer, braquer, dépouiller... On sait qu'un type qui porte un blouson va forcément se le faire taper. C'est un appel au crime de porter un cuir, ou des santiags. Comme nous avons tous un look de punk de folie, les groupes des skins et des hell's ne nous aiment pas.

Mon copain Vince et son frère sont très agressifs. Inévitablement, une embrouille éclate, à propos de n'importe quoi, et dégénère en bataille rangée. Les règlements de comptes sont toujours violents, les filles sont en danger. Pour éviter qu'on ne se fasse attraper et violer à coup sûr, les garçons de ma bande savent qu'ils doivent nous protéger et attirent l'attention des autres pour nous permettre de filer à l'abri.

Avec mon amie Sab, après une course effrénée un de ces jours-là, nous nous réfugions dans la piaule d'un copain. Quand Vince et son frère nous rejoignent, ils rapportent de la poudre. Le frère de Vince shoote de temps en temps, mais pas de façon régulière. Nous avons eu très peur, et une seule envie, celle de fumer un gros pétard pour nous calmer. Mais il n'y a rien à fumer. Nous sommes six : Sab et son copain, Vince et moi, son frère, et Claude, le propriétaire de la piaule.

Les garçons ont eu chaud. En voulant nous protéger, ils se sont fait fracasser, et le frère de mon copain est le premier à se faire un shoot. Sab et Doumé suivent, je regarde sans émotion particulière autre que l'excitation d'avoir échappé à un skin hurlant : « Je vais me la faire, ta gonzesse ! », c'est terrifiant, car il fait ce qu'il hurle.

« Hélène, tu veux te faire un shoot ?

– Allez, fais tourner. »

S'il y avait eu un pétard, je m'en serais tenue là. Mais il n'y avait que la poudre. Du coup, j'ai shooté. Une espèce de paix, de coton à l'intérieur, où tout est doux. Il n'y a plus rien de grave, il ne se passe plus rien de méchant, on n'attend plus rien de personne, on est replié sur soi. Et j'ai vomi tout ce que j'ai pu, comme tout le monde, d'ailleurs. On shoote, on vomit dans les minutes suivantes.

Je suis partie dans l'engrenage dur ce jour-là.

Dès le lendemain, je me suis débrouillée pour me faire trois shoots.

Ma mère ne voit rien, sauf que je vais mal. Je ne suis qu'une adolescente avec un sale look. Si on m'approche pour me demander ce qui se passe, je réponds à côté, un truc qui se veut rassurant, ou j'envoie chier.

« Tu te fais des idées, tu vois le mal partout... »

J'ai rapidement une mine de déterrée, entre le jaune, le gris, le vert, avec mes cheveux d'un centimètre et ma collection de boucles d'oreilles, toujours habillée d'une combinaison en nylon rouge ou d'un pantalon bleu électrique, de baskets noires, d'un perfecto en cuir noir, de bottes allemandes noires. Pour ma mine, je prétends que c'est la fatigue, ou la couleur de mes cheveux, que je fume trop de cigarettes et que ça donne le teint gris...

Mon père est totalement absent. Ma mère ne sait vraiment pas quoi faire. Elle cherche le contact, mais il n'y en a plus de possible. Plus elle s'approche, plus je l'évite. Je ne parle plus. Les épaules rentrées, le regard en dessous, j'adopte la position de repli systématique parce que je n'y comprends rien, et que, si je dis quelque chose, je risque de blesser l'autre. Je commence à m'éteindre, pour ne pas brûler les autres.

Le temps n'est pas si loin où je parlais à mon nounours, c'était la seule personne à qui je m'adressais. Je lui racontais ma vie, les choses que je ne comprenais pas. Ce n'étaient pas des incompréhensions du genre « pourquoi on me force à manger des haricots verts ? », mais un immense besoin de tendresse. C'était la seule personne qui m'écoutait. Pour ne pas faire de bruit, pour ne pas déranger, je lui racontais tout ça, en silence déjà. Je ne demandais rien, je me confiais en muet, un peu comme on parle au bon Dieu ; je lui parlais de mes rêves d'îles du Pacifique et de douceur de vivre, de ma vocation de soulager les souffrances en découvrant les secrets de la nature. Techniquement, je ne manquais de rien, sauf d'une véritable présence, de communication et de tendresse.

Je les trouve ailleurs, à présent, enrobées de violence et de danger, dans une appartenance au groupe, dans la révolte contre tout et n'importe quoi, dans les discours non pour refaire le monde, mais pour le démolir, ce monde qui nous fait si peur. Et la chaleur entre nous, la paix après la violence d'un shoot, l'oubli de la souffrance.

Le shoot ressemblait à un nounours punk hors de la maison.

Ma sœur ne sort plus depuis longtemps. Elle veut surtout rester à l'abri du cocon. Elle n'arrive même plus à aller à l'école. Ma grand-mère débarque le soir après le travail. Elle ne me supporte évidemment pas. C'est difficile de me supporter, avec la tête que j'ai, l'arrogance et l'agressivité dont je me défoule sur elle. Pour moi, c'est la bourgeoise personnifiée, avec une petite vie, un petit travail, son petit feuilleton du soir. Elle a un manteau de fourrure, et dans ma tête elle porte des cadavres sur elle et devrait avoir honte. Je lui balance à la figure des trucs absolument affreux. Elle a souffert de la guerre en Hongrie et des Allemands, et je l'entends parfois dire des conneries sur les émigrés qui me font exploser. J'ai été élevée avec eux, petits beurs blancs ou noirs, ce sont mes copains d'école, alors je suis devenue odieuse avec elle.

Pendant ce temps, je vais chez la psy. J'arrive, ni motivée ni contrainte. Ce n'est pas une nouveauté pour moi, ma sœur en fait déjà une. Je m'aperçois assez vite que, plus j'en dis, plus la thérapeute se sent dépassée. Pourtant, je m'efforce de ne pas trop l'inquiéter. Je minimise les choses. Même comme cela, elle se sent impuissante à m'empêcher de déraper. Au début, je parle de l'alcool, en n'ayant pas vraiment conscience que ça n'allait déjà pas. Elle pose quelques questions sur la drogue.

« Oui, je fume des pétards un peu, mais pas trop, à l'occasion. »

Alors que c'est permanent.

J'aborde les sujets avec désinvolture. J'espérais autre chose au départ, moins de distance, plus d'humanité et moins de technique. Elle est gentille, mais sans investissement personnel – c'est sa formation. Elle ne me rentre pas dans le lard, alors que je l'attendais peut-être. C'est là qu'elle a constaté que je changeais, elle a vu se pointer l'acide, parce que je lui disais que je tournais pas mal la nuit avec ma bande. Elle a posé la question, et j'ai dû répondre comme d'habitude : « Ouais, j'ai essayé un truc, mais pas grand-chose... » Elle avait un air doucement inquisiteur, qui risque de permettre le passage de l'information aux parents.

Quand j'ai glissé dans la poudre et que j'ai prétendu que j'y avais seulement goûté, juste une fois, pour voir, elle a tout gâché. Dans la protection maximale que je tentais de maintenir pour que rien ne transpire en direction de la famille, elle a mis les pieds dans le plat. Je me suis sentie trahie dans le petit début de confiance que je lui avais accordé, parce qu'elle m'a prévenue qu'elle devait transmettre l'information aux parents. Elle m'a lancé que j'étais mineure, qu'elle devait le faire, mais je l'ai pris comme une sanction.

« Tu réfléchis. Il faut que je le dise à tes parents parce que tu es en train de déraper, je ne peux pas prendre cette responsabilité.

– Si tu fais ça, je ne te verrai plus.

– Je ne peux pas faire autrement. »

C'était fichu. Elle coupait d'elle-même la relation entreprise depuis trois mois. Ce n'était pas de cette sorte d'« aide » dont j'avais besoin. Ce genre d'humain qui reste derrière son bureau, n'ôte pas son masque pour me parler, n'échange rien, constate, prend des notes, et résume le tout en repassant le bébé à la famille.

J'ignore comment ils ont pris la chose, père ou mère. Je n'ai aucun souvenir d'en avoir parlé avec eux. Tout est un peu brouillé dans cette période. Autant que je sache, elle s'est contentée de dire que mon problème était plus « grave » et la dépassait...

Je crois qu'on m'a fait à ce moment-là des analyses de sang, parce que je n'arrêtais pas de vomir. En fait, l'alcool avait fait des dégâts, la poudre avait tout aggravé et je traînais des lésions hépatiques importantes.

C'est la première d'une longue série de crises.

Je suis vraiment malade, ce qui ne m'empêche pas de courir après la poudre avec Vince et Sab. Et de me retrouver dans des plans d'enfer. L'argent devient rapidement le nerf de la guerre. Il faut trouver des arnaques, couper la poudre achetée pour la revendre avec du bénéfice, trafiquer l'acide... Et finir par voler ce qu'on peut pour le revendre. J'ai hérité d'un surnom : la « pie qui shoote ». Par allusion au vol et à mon goût pour tout ce qui brille.

Je vais dans les merceries acheter du strass au mètre dont je fais des bracelets ou des colliers. Avec ma plaque de gaz, mes cheveux hérissés, mon perfecto en cuir, j'ai une allure d'hallucinée pas sexy du tout – c'est une nécessité, car la menace du viol est d'une banalité quotidienne dans la recherche de la poudre. Moins on a l'air d'une fille, moins on le provoque. Mais j'ai besoin, dans tout ce noir, de garder une goutte de strass, de féminité, un signal disant : « Je suis une fille et j'ai tant besoin d'amour... »

Enfant, j'adorais les Michocos, les bonbons de la Pie qui chante. J'en grignotais encore à l'adolescence, mais la pie ne chantait plus, et ses bonbons non plus.

4.

J'ai eu quinze ans sur un lit d'hôpital, avec un foie dégénéré comme celui d'un vieillard alcoolique. Personne ne comprenait qu'à mon âge je sois dans un tel état. Les médecins ont vite réalisé que mon problème n'était pas d'être malade, mais de shooter et d'être incapable d'envisager une guérison. Ils ont vu les traces sur mon bras. Elles étaient visibles et ils m'ont envoyé un psy.

Je vois s'avancer une jeune femme brune, sourire léger. Je suis là, dans mon lit, assise, plombée, désabusée sur ce qui pourrait m'arriver de positif, fataliste.

« Ben oui, je suis comme ça, et pourquoi voudriez-vous que je sois autrement ? Quel intérêt ai-je à envisager de voir les choses sous un autre angle ? Je veux bien en sortir, mais pourquoi ? C'est quoi, l'intérêt ? Survivre vainement à coups de compromis futiles ? Si c'est ça, alors non merci. »

Je la regarde. J'ai le sentiment qu'elle débarque au pied de mon lit avec ses études encore fraîches dans la poche, et l'espoir d'appliquer ce qu'elle a appris. Je la sens complètement désarmée devant cette petite junky qui n'a pas fait partie de ce cursus théorique.

Elle a l'air d'être une femme de cœur venue pour m'aider, sensible, mais qui cherche à appliquer une grille sur mon cas, sans parvenir à l'adapter. Elle me tutoie. Elle me demande si j'ai envie d'en sortir. Je lui réponds que je voudrais bien mais ne sais pas comment. Elle me demande pudiquement comment j'en suis arrivée là.

« Est-ce que je peux t'aider ?

– Je ne vois pas comment tu peux m'aider, mais je veux bien que tu essaies. En sortir, je veux bien, mais je ne vois pas le chemin, et je ne vois pas l'intérêt. »

Face à des réponses lucides, crues, elle ne réussit pas à m'entraîner sur la voie qu'elle a apprise.

D'abord, je suis incapable de confidences à ce moment-là. Je n'ai pas envie qu'on me balance de nouveau l'histoire du divorce, je refuse que mes parents soient coupables de ma dérive. Ce serait trop simple. J'ai déjà décortiqué leur comportement. Ils font ce qu'ils peuvent, avec leur faiblesse. S'ils reconnaissaient cette faiblesse comme je reconnais la mienne, j'avancerais peut-être d'un pas. Alors, pas question pour l'instant de me répandre en malheurs d'enfance.

Solitude je connais, silence je connais. Ne pas faire de bruit. Jamais. Comme lorsque j'étouffais dans mon lit, à la limite de la suffocation. Quand j'étais petite, je faisais de drôles de laryngites : le larynx se gonflait au point de resserrer complètement la trachée, et je ne pouvais plus respirer. Ça se produisait régulièrement. Je faisais à l'époque un cauchemar : il y avait un danger, il était dans ma chambre d'enfant, je m'étais glissée derrière le papier peint où se trouvait une porte secrète pour me protéger de ce danger. Comme le passage était très étroit, cette porte m'asphyxiait au passage.

Puisque je m'étais interdit d'être un souci, je n'en parlais pas, et j'étouffais la nuit. Quand j'atteignais la suffocation totale, ma mère me donnait des médicaments pour que je puisse respirer.

Je ne demandais de l'aide qu'au dernier souffle. Pour ne pas réveiller ma sœur qui réveillait souvent ma mère, laquelle risquait de déranger mon père. J'entendais tout dans la chambre voisine, en cas d'engueulade. Jusqu'à ce que mon père claque la porte pour aller vivre sa nuit ailleurs, avec ma grande cousine que je prenais pour ma mère.

Et je lui courais derrière pour qu'il revienne ! « Papa, reviens, reviens ! » Ce sont mes sables mouvants à moi.

Mais mon problème, le vrai, le tangible à l'adolescence, c'est le manque d'espoir et cette obligation que je me suis faite, comme un devoir, de protéger ma famille du mal que je pourrais lui faire. Je me sens moche de shooter et d'être malade. Et cette jeune femme me propose de l'aide, c'est bien la première fois qu'une telle chose m'arrive. Ma première expérience de psychologue ne m'a pas habituée à cela. Je n'ai pas tout à fait conscience du dérapage enclenché.

« Je crois qu'il n'y a rien à faire pour m'aider. Je sais où je vais, je sais pourquoi je le fais. Je le fais simplement parce que c'est bon. C'est juste une histoire de plaisir, je ne suis pas dans une démarche de destruction.

– Et tes parents sont au courant ?

– Non, et s'ils l'étaient, je disparaîtrais.

– Ils sont présents ? Quelle est leur attitude ?

– Non, ils ont assez à faire avec leurs propres histoires, ils n'ont pas besoin qu'on en rajoute. C'est un choix personnel, ce n'est pas la peine de chercher midi à quatorze heures. Si j'en prends, c'est parce que c'est bon, et je ne fais pas ça tous les jours, et je m'arrête quand je veux, c'est vraiment mon choix. »

Elle ne va pas au-delà. Je ne la laisse pas remonter et chercher les racines du mal. Je sais maintenant que c'est un truc chez les toxicos. Comme la souffrance est en amont, dans l'empreinte familiale et sociale, dans cette incapacité à s'y adapter, on fait le blocus en refusant d'emblée de se retourner pour découvrir d'où elle vient. Et intérieurement, on se dit : « Ne m'emmerdez pas, j'ai trouvé une issue de secours, même si elle est mortelle, ne compliquez pas ma vie. » Quand c'est bon, c'est bon. Tout le monde a le droit au produit, licite ou illicite, simplement parce que ça lui fait plaisir. Pas la peine d'y voir une démarche de thérapie sauvage. C'est ce que je me dis devant toute inquisition.

J'ai gardé une méfiance, la trouille de dire des choses qui seraient répétées. Il me faudra un moment pour accepter le fait que cette jeune femme est de mon côté. Je me considère comme une toxico pourrie et je le suis encore plus dans les yeux des autres. C'est-à-dire une vicieuse, prête à voler tout ce qui passe à sa portée pour s'offrir du plaisir, et non quelqu'un qui ne sait pas comment vivre, qui aurait bien voulu qu'on lui montre un chemin. J'ai tout de suite senti que la thérapeute était déstabilisée par une certaine lucidité et qu'elle ne parvenait pas à trouver une voie classique pour se rapprocher de moi. Mais qu'elle l'acceptait et respectait l'animal enragé que j'étais devenue.

Lorsqu'elle est partie, j'ai compris que j'avais eu affaire à un être humain, avec une attitude maternelle, volontaire et bienveillante. Même si elle ne savait pas par quel bout elle allait prendre la chose. Je la perçois comme quelqu'un venu du monde extérieur et qui n'a aucune idée du mien. Qui arrive, avec un parcours de vie normal, dans l'histoire inconcevable d'une enfant de quinze ans, déjà droguée, malade, et désabusée. Mais je la laisse venir à moi, chose que je refuse d'habitude.

Je viens de rencontrer sur ma route une adulte avec laquelle je peux parler et qui ne me juge pas, qui ne me met pas dans une case. Je ne la vois pas comme médecin ou comme psy. Je la vois comme quelqu'un. Et elle me voit comme quelqu'un. Pas comme une adolescente junkie, mais comme un être humain qui souffre. L'accès, c'est comme ça qu'elle l'a découvert. Elle ne s'est pas installée derrière un bureau, en position supérieure, à me juger et à trahir ma confiance, comme un prof sur son estrade qui donne la solution d'un problème au tableau, mais comme quelqu'un qui s'avance et tend la main sans vouloir me prendre de force. Simplement quelqu'un qui, devant un chien sauvage, battu, affamé, attend patiemment que l'animal tourne autour de lui, le renifle. J'ai l'intuition avec cette jeune femme que le chien sauvage peut tourner autour sans crainte, que l'autre est un but. Elle ne se dit pas : « Dès qu'il est à ma portée, je lui mets la main au collet. » Résultat, le chien sauvage, qui s'apprivoisait lentement, mord la main tendue, se barre et ne revient plus jamais, quitte à mourir un peu plus loin.

Elle est arrivée, sans rendez-vous, et est repartie sans m'avoir forcée.

« Sache que je suis là, à ta disposition, je t'attends, c'est quand tu veux. »

Le lendemain, je ne pouvais pas. On venait de pratiquer une intervention barbare [1], pour visualiser mon foie. À mon réveil, je suis sous perfusion avec une perforation de l'intestin. Je ne peux ni boire ni manger. Le médecin de garde essaie de me faire parler de la drogue. Je le vois arriver avec ses gros sabots. La seule chose que je veux, c'est qu'il réponde à mes questions : « Je sors quand ? Où j'en suis ? Est-ce qu'il faut me soigner ? Est-ce que ça va guérir tout seul ? Est-ce qu'on en meurt ? »

Il répond à côté, vaguement : c'est grave sans l'être, c'est long... Il est trop intrigué par le phénomène « jeune toxico sur un lit d'hôpital ». Ce n'est pas ma santé qui l'intéresse apparemment.

« Comment ça se passe ? Et les seringues ? Comment faites-vous pour vous procurer de l'argent ? »

Résultat, il m'énerve, et je ne sais toujours pas où j'en suis.

« J'ai rien à vous dire. »

Je réclame ma visiteuse de la veille. J'ai compris qu'elle a probablement le pouvoir d'empêcher qu'on m'emmerde avec des questions à la noix. Elle arrive aussitôt.

« Je ne sais pas ce que vous pouvez faire pour moi, mais je voudrais qu'on ait la sincérité de me dire la vérité ! C'est guérissable ? J'ai une chance de sortir de là, ou est-ce que c'est grillé ?

– Non, ce n'est pas grillé du tout ! On peut en mourir, mais ta vie est entre tes mains, alors tu ne vas pas crever ! C'est toi qui as le choix. Je ne sais pas comment je peux t'aider, mais on va chercher ensemble, et je suis disponible.

– La seule condition pour que je te dise la vérité, c'est qu'elle reste entre nous deux. Mes

1. Laparoscopie. Examen du foie ou d'autres organes, après injection d'air dans le péritoine.

parents ne doivent pas savoir, jamais ! Même si, demain, j'en crève !

– Moi, je suis là pour toi, je ne suis pas là pour tes parents. Et je te donne ma parole d'honneur...

– Pfff. Tu sais, chez les junkies, la parole d'honneur, c'est un joli mot...

– Je te donne ma parole d'honneur que je ne répéterai rien de ce que tu me confieras à tes parents.

– Que tu ne leur dises rien, c'est une chose, mais que tu les tiennes au courant de ce qui se passe, ou de ce que je fais, ça, non. Jamais ! Et si ça devait un jour se produire, tu ne me reverrais plus. Ou un jour à la morgue. »

Je n'ai confiance en personne. Je ne peux pas lui faire confiance gratuitement, sans garantie, sans deal entre nous. Un toxico a besoin de deal.

« Tu as ma parole, c'est entre nous deux. »

Alors, je balance la vérité. À quel point je suis dans la poudre, l'acide, et depuis combien de temps. Je mens encore un peu, en minimisant les fréquences de shoots, histoire de la tester.

Et quand elle est partie, je me suis dis : « Oh là ! Mais qu'est-ce que j'ai fait ? C'est qui, cette extraterrestre qui vient de la planète Terre ? »

En même temps, il me semblait qu'une passerelle était possible entre elle et moi.

Ce que j'aimais bien chez elle, c'est qu'elle faisait vraiment partie de l'autre monde. Elle était habillée normalement, pas du tout le spécialiste des toxicos comme j'en avais déjà vu à la télévision. Le genre qui se déguise en toxico, prend un discours de toxico, et qui sonne faux.

En fait, c'est comme une révélation. Elle a beau avoir le déguisement de madame Tout-le-monde, il y a quelqu'un derrière. Le problème d'un psy, c'est souvent sa volonté d'être celui qui va nous sauver. C'est gratifiant pour lui. Ce n'est plus de l'amour altruiste et inconditionnel, celui dont on a besoin.

Le toxico se sent coupable de ne pas avoir réussi à répondre à l'attente de l'autre. Et l'autre se dit : « Je laisse tomber, je ne suis pas capable. » C'était le cas la première fois. En plus de la trahison ! Ce n'est pas lui, en tant que psy, qui n'est pas « capable », c'est le toxico qui ne trouve pas le chemin, et du coup, devant la déception de son « sauveur », il culpabilise à mort. Il y a une anomalie dans tout ça. Celui qui veut aider doit aimer ce qui est à l'intérieur du toxico, ce qu'il a de pur, de beau, de tendre, dans une enveloppe pourrie, sale, malhonnête et menteur au possible. Un toxico, c'est une petite graine bien planquée qu'il faut aider à germer. Cette jeune femme est pure, elle ne peut rien pour moi, mais c'est bon d'échanger avec un être humain.

Je la vois tous les jours, et ça me fait plaisir. Elle passe sans s'imposer. Genre :

« Coucou, ça va ?

– Ouais, ça va, Sylvie, viens.

– Je ne te dérange pas ?

– Non, non, viens. »

On discute du traitement, et peu à peu on glisse sur autre chose. Elle attend avec bienveillance, sans forcing.

« De toute façon, en sortant, qu'est-ce que tu veux que je fasse d'autre que de reprendre de la poudre ? J'aimerais bien savoir faire autrement, mais qu'est-ce qui aura changé entre avant et après ? Là, c'est bien, je suis à l'abri, protégée, et on s'occupe de moi, mais, quand je sortirai, je ne vois pas ce qui va changer.

– Quand tu sortiras, je serai encore là. On pourra se rencontrer. À l'abri, tu y seras quand même.

– J'ai presque la trouille de retourner dans le désert.

– Non, ne t'inquiète pas. Tu vas retourner dans le désert, bien sûr, mais n'oublie pas que je reste une oasis.

– De toute façon, rien ne peut m'empêcher de continuer parce que rien ne m'intéresse. Y a rien, autour de moi, que la poudre. »

Elle va voir les médecins, les infirmières, j'ai l'impression qu'elle s'est mise à me protéger. Elle veut une bonne infirmière pour moi, qu'on ne me considère pas uniquement comme une toxico.

Quand je quitte l'hôpital, au bout d'une dizaine de jours, je vais mieux physiquement, je suis moins malade. On me dit évidemment d'éviter la poudre, l'alcool, et toutes les substances chimiques. Il faut que je me remette progressivement en état, et ça ne se gagne pas en quelques semaines. Je sors de là désabusée, mais avec la volonté de guérir. Je tiens le discours de quelqu'un qui a envie de vivre. Avec dans la tête les interdits – « ne fais pas ça, pas ça... ». Mais vivre dans quel but ? Qu'est-ce qui m'accroche à la vie ?

Je retourne à l'école. J'essaie de reprendre le fil d'une vie, d'arrêter de couler. Simplement ne plus avoir honte de moi. Mais sans motivation réelle. J'habite chez moi, je retrouve le bar à côté du lycée et les copains. Il y a une sorte de décalage entre eux et moi. Je n'arrive plus à m'intégrer. Ils rient, déconnent sur des trucs de leur âge, alors que j'ai un désintérêt profond pour tout ce qui les éclate. Les premiers jours, je suis assez raisonnable, je me contente de boire des cafés avec eux et de fumer des pétards. Un peu d'acide de temps en temps. Sauf qu'au bar du lycée je vois passer tous les dealers habituels. Inévitablement, avec les pétards, j'ai retrouvé les contacts de la poudre.

J'étais pleine d'énergie pour en sortir au départ, mais d'une énergie qui ne s'appuie sur rien de solide. Et je recommence le cours de ma vie normale. Je revois Sylvie, elle sent que j'ai replongé, mais elle n'a pas l'attitude classique de me juger ou de me rappeler les interdits. Elle sait que ça ne sert à rien. Je viens toute seule, de mon plein gré. Elle écoute :

« Le problème, c'est que, quand tu es dans la poudre, les gens te donnent des buts qui sont les leurs, des buts de gens normalement constitués, mais qui ne sont pas les miens. On me propose des choses raisonnables, d'avoir des bonnes notes pour passer dans la classe au-dessus. Qu'est-ce que j'en ai à foutre ? Ça va me donner quoi ? Ça va me donner envie de vivre, de passer dans la classe au-dessus ? D'avoir mon bac ? J'en fais quoi de mon bac après pour vivre ? Ça va me rendre heureuse ? D'avoir un bon métier ? Combien j'en vois des gens qui ont un bon métier et qui sont malheureux comme la pierre ?

– Comment tu vis ? Où tu trouves l'argent ?

– Je me débrouille... On arrive toujours à se démerder. Ne t'inquiète pas, de toute façon, j'achète un peu plus gros, et je divise pour revendre. J'ai fait quelques arnaques à droite, à gauche, rien de bien grave. »

Et je lui raconte, en riant, les quelques arnaques en question.

« J'ai vendu de la fausse dope ! Des pâtes Panzani peintes en rouge pour que ça ressemble à de l'acide. J'en ai vendu cinq à un type. Et, trois ou quatre jours plus tard, je le vois revenir. Je me dis : merde, je vais avoir un problème, j'ai commencé à flipper, mais il me lance : " Tes acides, ils étaient bons, pas speed du tout... impeccables ! " Le type a eu des hallucinations avec de l'acide placebo ! Il était content, et il venait m'en racheter. Je lui en ai refait tant qu'il voulait, des pâtes Panzani ! »

Il y a aussi les cigarettes pour asthmatiques vendues en pharmacie. Certaines contiennent une plante qui a l'aspect et l'odeur de l'herbe. À ne pas refiler à quelqu'un qui s'y connaît, mais le naïf du coin achète à l'odeur et au prix de l'or ! Ce n'est pas méchant, à condition de ne pas se faire coincer par un type qui aurait compris l'arnaque.

Un jour, j'ai eu un pépin. Celui-là n'a pas fait rire Sylvie. J'ai dit à l'acheteur : « Tu peux la fumer, mais c'est pas comme ça qu'elle est la meilleure. C'est une qualité d'herbe qu'on ne trouve pas souvent, elle est bonne, c'est pour ça qu'elle sent bizarre, et la meilleure façon de la prendre, c'est en infusion. Tu mets ton herbe, tu fais bouillir. Ça va lui donner un goût affreux, tu mets un maximum de sucre, et tu en bois, mais en petites quantités, sinon ça va t'exploser. » Je ne le revois plus pendant des jours, et on apprend qu'on l'a découvert à quatre heures du matin sur la voie ferrée, à la gare de Lyon, à poil, dans un délire paranoïaque redoutable. Comme il ne pouvait pas dire qu'il avait pris un produit interdit, il prétendait : « C'est parce qu'on veut m'envoyer au service militaire, et je veux passer pour fou. » Il s'était pris au jeu, il y avait cru. Quand on l'a emmené à l'hôpital, visiblement, il a continué à jouer ce cinéma en avalant la fausse herbe en infusion, et il n'a pas réussi à en redescendre. C'est ma faute, et la sienne.

Il a fini en asile psychiatrique, on n'en a plus jamais entendu parler.

Les pyramides noires, c'est du LSD que l'on trouve en cachet en forme de petite pyramide. Pour les reproduire, je prends des mines de crayon que je taille. Arnaque sans conséquence. Tout le monde autour de moi en fait. Je n'ai pas l'impression que c'est très grave. Même si je me fais serrer par les flics, on ne va pas me mettre en taule pour des mines de crayon que j'ai vendues cent balles pièce !

Ce que je ne raconte pas à Sylvie, à cette époque, ce sont les allers-retours à Amsterdam.

Mal m'en a pris. Là-bas, c'est moi, un jour, qui me suis fait arnaquer. J'y suis allée avec Sab. Au moment du deal, Sab s'est fait braquer par le revendeur, il a piqué le fric sans donner le produit. Soit l'argent appartenait à quelqu'un d'autre qui nous mettait sur le coup, soit c'était le produit des « Panzani » et des pyramides noires.

Et je n'ai même pas, à l'époque, le sentiment d'être un passeur. Les autres non plus. Simplement, on allait chercher un produit dans un pays où il était moins cher et plus facile d'accès. De plus, on récupérait de la qualité qui nous aurait permis de faire la culbute une dizaine de fois. Mais, ce jour-là, on a vraiment perdu de l'argent. Le deal à l'achat devait être de cent grammes de poudre à mille francs le gramme : cent mille francs français. Or, avec cent grammes de poudre, coupée dans le meilleur des cas pour le consommateur à 30 % et dans le pire à la revente à 50 ou 70 % de lactose, on fait du bénéfice. D'une base de cent grammes, on en tire à peu près deux cents grammes à mille francs le gramme minimum. Si la revente se fait à la dose pour un shoot, on peut tirer d'un gramme finalisé une dizaine de doses. Celui qui achète un gramme en finalise au moins un gramme et demi avec la lactose. Il garde pour lui un quart de gramme, s'il est à peu près honnête et, avec le reste, reconstitue un gramme à un gramme deux, le type suivant qui va acheter un quart de gramme va en revendre cinq, voire six doses. Et, au bout du compte, les doses sont tellement diluées que, si le toxico tombe un jour sur un shoot pur, il décolle et se fait « surprendre » par une overdose.

Moi qui ai toujours été fâchée avec les tables de multiplication...

Pour ne pas mentir totalement à Sylvie, je parle d'Amsterdam en prétendant que j'en ramène du shit. Et j'estime ne pas tomber dans la délinquance, mais être dans l'autoconsommation du toxico avec une seule envie, celle de s'en mettre plein les veines. Au fond, je ne suis criminelle qu'envers moi-même.

5.

Février de mes seize ans. À force de traîner dans la rue, j'ai pris froid. Je ne supporte plus ma famille, je suis devenue incapable même de m'en approcher. J'ai plongé trop profondément, c'est trop visible, trop flagrant. Il faut que je me cache, que j'aille me terrer quelque part et me mettre à distance de toute autorité.

Maman,
Tu n'as réellement aucune inquiétude à te faire.
Sache que ce n'est pas la peine de prévenir la police ou de téléphoner à mes copains, c'est réellement inutile.
Je ne vous laisserai pas sans nouvelles.
Je t'aime. Hélène.

Je laisse le mot, écrit sur une feuille de papier quadrillée, une feuille de cours perforée. Plus de lycée, plus de règles, je n'arrive plus à mentir. Ma tribu s'en va au soleil. Vince et Doumé se barrent à Nice où vit leur mère. Sab suit Doumé, moi Vince.

Si je laisse partir ma tribu, ce sera le désert de glace. La vie commence là-bas. Je serai libre – plus de dissimulation, plus de thérapie, plus d'adultes, plus d'amarres.

C'est ma première fugue.

Je m'organise pour voyager en train. Je fais une déclaration de perte de papiers d'identité, sur laquelle j'indique que j'ai plus de dix-huit ans, avec une fausse adresse et un faux nom. C'est facile, je n'ai pas l'air d'une mineure. Évidemment, pour aller voir les flics, je me débarrasse de ma panoplie de rebelle. Je décroche les boucles d'oreilles, plus de bottes allemandes ni de plaque de gaz autour du cou. Plus de look punk.

En cas de contrôle, inévitable puisque je n'aurai pas de billet, la technique est simple :

« Je suis montée dans le train à toute vitesse à la gare précédente... »

Je montre mes papiers d'identité, le contrôleur établit un PV à un faux nom, une fausse adresse.

À Nice, pas question d'aller dormir chez Vince : sa mère me connaît, elle sait que je suis mineure. Vince a repéré un squat, une vieille maison abandonnée qui a dû être luxueuse, toute en marbre, sur la promenade des Anglais. Ni porte ni fenêtre, le vent humide de la nuit se faufile partout, on dort sur des cartons posés à même le marbre. Aucun meuble, mais c'est un vieux squat de luxe car il suffit de traverser l'avenue pour se retrouver en bord de mer et se réchauffer au soleil.

On aimerait bien rester là sur les bancs, bercés par le petit bruit des vagues, mais, la nuit, c'est impossible. Entre les flics, les clochards et les violeurs, on pense être plus en sécurité dans le squat. Ce qui se révèle complètement faux. Au bout de deux nuits arrive une bande de trois mecs qu'on n'a jamais vus. Ce squat, ouvert à tous vents, est accessible à n'importe qui. Aux zonards que nous sommes comme aux clochards. La grande différence entre les deux, c'est que le zonard est un marginal défoncé et le clochard un individu qui a perdu tout contact avec l'extérieur.

La seule chose que nous ayons en commun, c'est le soleil. Les clochards descendent des régions froides, avec une prédilection pour Nice, parce qu'on y meurt moins facilement de froid. Mais ils n'aiment pas les zonards et leur tapent dessus, dans l'indifférence générale de la mafia locale, des gens friqués, qui ignorent totalement les zonards et les clochards, tant que les uns ne deviennent pas agressifs et que les autres ne cambriolent pas. Autant dire que l'appel au secours ne sert à rien en cas de danger. Et il y a danger. Vince n'est pas là. Doumé et un autre copain sont nos seuls protecteurs. Les autres sont trois, défoncés à l'alcool, hurlant qu'« il y a de la femme dans le coin ! ».

Ils commencent à se battre avec nos copains pour pouvoir sauter les filles. Doumé, qui est très grand, très fort, est le plus apte à nous protéger, mais les trois fous furieux réussissent à l'attraper et lui fracassent la tête sur un coin de cheminée en marbre. Il en tombe assommé, et je vois venir le moment où ce sera notre tour. Son copain n'a aucune chance, tout seul, malgré tous ses efforts, devant ces trois soûlards excités. Ils nous sautent dessus. D'abord, ils coincent Sab, puis réussissent à m'attraper. Je les vois tirer sur ses vêtements pour la déshabiller, je me débats pour essayer de la défendre, mais ni l'une ni l'autre ne faisons le poids, et, dans la mêlée générale, violente, hurlante, moi qui sais pourtant me battre, je n'arrive à rien. L'un des salauds est sur le point de violer Sab, les autres me tiennent, le copain a pris des coups, c'est l'horreur. Heureusement, Doumé se relève. Je le vois comme dans un flash ramasser quelque chose, un morceau de pierre ou de cheminée fendue. Il lève les deux bras, et d'un coup explose la tête du violeur, juste à temps.

Le bruit est bizarre, mat, une batte de base-ball frappant sur un gros bout de bois. On entend un craquement en même temps, un fruit qu'on écrase... Le salaud s'effondre, Sab se dégage, celui qui s'acharne à arracher mes vêtements relève la tête, me lâche, et fonce sur son copain à terre pour l'aider. Dans les quelques secondes qui suivent, on se tire tous les quatre, les filles à moitié nues, en laissant sur place le peu de chose qui nous appartient. Aucun de nous ne cherche à savoir si le type va se relever ou s'il est mort. On court comme des fous dehors, galopant dans la rue à la recherche d'un coin où se terrer. Dès qu'ils auront récupéré, ces fous furieux vont se mettre à nos trousses, alors il faut courir encore et encore, s'éloigner de ce squat horrible pour ne plus jamais y remettre les pieds. Doumé file à Marseille pour se faire oublier, Vince nous trouve un autre squat où nous nous planquons. Les jours suivants, à l'écoute du tam-tam dans le milieu des zonards, on entend courir le bruit qu'un type s'est fait exploser la tête, et qu'il est à l'hôpital.

Les oreilles en alerte, on questionne en jouant les innocents.

« Quelle horreur ! Mais qu'est-ce qui s'est passé ? Pourquoi il s'est fait défoncer ? »

J'ai vraiment eu peur. Sans l'intervention de Doumé, ces fous nous auraient violées, en massacrant les garçons pour faire bonne mesure. Je raconte à Sab comment j'ai déjà échappé au viol.

Un plan pourri...

J'étais allée voir mon ami Éric, qui traînait avec des hell's angels, à Paris. On fumait des pétards, en attendant que la poudre arrive. On frappe à la porte, mon pote ouvre, et c'était un gang de hell's angels, une dizaine de baraqués, des violents qui ne plaisantent pas. Pour eux, une femme, c'est un trou. Ils affichent un look motard, mais en réalité ce sont des voyous et des « sniffers » de coke. Pires que les skinheads, car ils sont plus nombreux en rassemblement. Les skins sont réellement dangereux et violents, prêts à tuer, mais moins nombreux quand ils se déclenchent. Affronter un angel isolé, c'est la certitude d'être traqué par une meute acharnée qui ne cherchera même pas à savoir ce qui s'est passé à l'origine. Mon copain de lycée était orphelin, et les hell's angels lui servaient de famille. J'étais seule avec lui lorsque la bande a débarqué. Ils ont flashé sur moi.

« On va se la faire, on va se la faire ! »

Éric a fait ce qu'il pouvait :

« Eh, les mecs, n'y touchez pas, elle est comme ma sœur, on attend ses copains. »

Il y a des codes d'honneur : on ne touche ni à la mère ni à la sœur.

« C'est pas ta sœur ! On peut se la faire si on veut ! »

Ils commençaient à défaire leurs ceintures, j'étais à deux doigts du viol collectif. Ils se motivaient les uns les autres.

« Allez, on se la fait. Toi, tu l'attrapes... »

Et Éric continuait à négocier avec le chef de bande.

« Laissez-la sortir, je vais vous expliquer...

– Non, tu la laisses pas sortir. Elle sortira pas de là tant qu'on lui sera pas passé dessus.

– Attends, viens boire un coup avant, c'est toujours meilleur après avoir bu un coup... Viens, j'ai du produit, on se fait deux, trois rails avant, et on verra après. »

L'autre était méfiant, mais, tenté, Éric en a rajouté :

« C'est une amie, alors, tu permets, je me la saute en premier. Mais fais-toi un rail d'abord. »

Il a réussi à faire le barrage. Les hell's angels ne se shootent pas, ils se saoulent et ils sniffent, et un junky, pour eux, c'est une poubelle, un ramassis de bas étage. Au moment où j'ouvrais la porte, ils ont réagi pour me bloquer, mais Éric a eu le dernier mot pour me sauver :

« Laisse ! Je lui ai demandé d'aller chercher les bouteilles sur le palier... Elle va pas se tirer, elle est pour moi d'abord, je la connais ! »

C'était une chambre de bonne au sixième. J'ai dévalé les étages à toute vitesse.

Quand j'ai revu Éric plus tard, il m'a dit :

« Tu ne fous plus les pieds chez moi, jamais ! Je me suis foutu dans une merde noire, il a fallu que je me batte avec eux pour qu'ils ne te courent pas après ! Je faisais le malin : “ Elle va revenir... ” Et après ça : “ Oh, la salope ! Elle s'est tirée, j'y crois pas... ” »

Finalement, ils l'ont cru de bonne foi, mais on ne s'est plus revus, c'était trop dangereux pour lui. Ce jour-là aussi, je ne suis pas passée loin...

Durant cette période, je suis certaine de ne pas vivre très longtemps. Convaincue que je n'en sortirai pas. Le pire étant la conscience aiguë que c'est un enfer qu'on a choisi. L'horreur au quotidien est devenue une normalité permanente. Et en même temps, j'ai l'impression d'être dans un film. Comme si je ne percevais pas la réalité, je ne me vois plus, le voile de la poudre et de la défonce en général rend les choses lointaines. On s'habitue à zoner, à traîner dans la rue, à la crasse comme au danger. On vit avec comme à la guerre. Le risque de viol, ou le couteau sous la gorge, les menaces, les bagarres, tout ça est d'une telle banalité qu'on les oublie assez vite, on en rit même avec une totale inconscience. Ça m'est arrivé, c'est arrivé à Sab, nous sommes passées au travers, un shoot et on n'en parle plus.

Le lendemain de cette bagarre dans le squat, je traîne avec Sab. Nous avons faim, et tapons à l'étalage des boutiques de fruits pour manger. Entre le froid, la faim, et ce nouveau squat dans lequel on ne peut même pas dormir la nuit de peur de se faire agresser, l'épuisement n'est pas loin. L'endroit est plus que minable, sale et puant, pas d'eau même pour boire, pas d'argent. La solution était de faire la manche, mais, avec notre allure à toutes les deux, c'était difficile. On commençait vraiment à ressembler à des clochards.

Avant, quand j'ai commencé à faire la manche, je me faisais passer pour une gentille petite fille qui voulait téléphoner à sa maman et avait besoin de sous. Ça marchait toujours. À Nice, je passe pour une zonarde. J'en avais le statut et la réalité. On tente la manche sur la zone piétonne, mais les gens s'écartent. Ils n'osent pas sortir leur porte-monnaie de peur de se le faire arracher ou de prendre un coup. Les passants se doutent bien que, derrière des filles comme nous, il y a des mecs qui guettent la bonne occasion.

Sab a repéré un camion de la Croix-Rouge pour le don du sang. Comme elle a l'air plus jeune que moi, on ne la prendra pas. C'est moi qui me présente. Je remplis une fiche, en trichant sur mon âge, et gentiment les bénévoles laissent entrer Sab pour qu'elle n'attende pas dehors. On lui donne même un croissant. Je m'installe, l'infirmier prend mon bras.

« Voyons voir ces veines.

– Non, pas celle-là. De l'autre côté, ma veine est meilleure. »

Je tends l'autre bras, moins abîmé. Il n'a pas le temps de voir le massacre sur mon bras gauche. Étant droitière, je shoote plus facilement à gauche.

Comme je n'ai pas mangé depuis un bon moment, je tombe dans les pommes. Une femme me secoue :

« Qu'est-ce qui vous arrive, madame ? Vous êtes enceinte ?

– Non, non, je ne suis pas enceinte, mais je n'ai pas pris de petit déjeuner ce matin. »

Elle regarde Sab.

« Et vous, vous n'avez pas pris de petit déjeuner non plus ? »

Du coup, on me débranche et on nous donne à manger. Sab s'empiffre, moi aussi. Mais, en sortant de là, je suis prise d'une nausée épouvantable, incapable de garder quoi que ce soit dans mon estomac. Le manque et l'estomac trop vide...

Sab tient le coup. Estomac plein, c'était toujours ça de gagné. En cas de disette on recommence, c'est le seul moyen d'avaler quelque chose quand on a les poches vides.

Le manque de poudre commence à devenir un problème. On se décide un jour à braquer des types qui nous hébergent. Ils ont un kilo de shit chez eux, il suffit d'attendre qu'ils sortent : on part avec eux, on rentre par la fenêtre, et le kilo de shit est à nous. Il nous sert immédiatement à dealer, d'abord avec les jeunes qu'on connaît, puis dans les lieux de passage, la gare, les zones piétonnes, les

HLM. Avec un kilo, on deale deux cents grammes en barrettes, aux inconnus, une bonne partie à des copains qui vont acheter vingt grammes ou cinquante grammes d'un coup. On a planqué quatre plaquettes, des « savonnettes » de deux cent cinquante grammes chacune, chez la mère de Vince qui l'ignore. Mais son frère nous les a piquées. On a su que c'était lui par radio zonard...

« Tiens, y a machin qui vend... »

C'est le jeu. On braque et on est braqué. Le deal, c'est l'art de guetter sans se faire braquer, justement. On se met dans un coin en attente, on guette, on devine l'inconnu qui cherche de son côté. Il fait signe, on part dans un sens, l'autre suit, on le sent derrière soi, on craint de se faire coincer par un flic ou dépouiller non seulement de la marchandise, mais de son portefeuille et même de ses fringues. À Nice, on connaît un peu les têtes. On a la prétention de deviner la stratégie des flics. Ils prennent les drogués pour des imbéciles. Mais un drogué se faufile comme un cafard. Même si on l'attaque à l'insecticide, il trouve une parade pour s'échapper. Quand un deal se conclut, on fait l'échange dans un coin en se retournant très vite.

« Prends ! Donne ! »

L'autre sait qu'il n'aura même pas le temps de voir ce qu'on lui donne, et on peut aussi bien l'arnaquer. Ou alors la quantité est plus importante, il veut prendre le temps de regarder, et dans ce cas on échange sous une porte cochère, ou dans le hall d'un immeuble, en sachant qu'il existe une porte de service de l'autre côté. Les flics nous voient entrer, supposent qu'on va ressortir, et ils nous laissent le temps de faire le deal pour nous attraper en flag. Mais nous ne ressortons pas. Il faut repérer les endroits à l'avance, et en changer régulièrement. Et si le deal est un peu gros et qu'on a été balancé avant, il faut entraîner l'acheteur à la dernière minute, avec une bonne notion de l'endroit choisi.

On est chargé d'adrénaline à cet instant précis et, paradoxalement, totalement imperméable, sans émotion. Il m'est arrivé à Paris, Nice ou Aix, de me retrouver avec un couteau sous la gorge. J'ai tout lâché, avec un seul réflexe, en sortir vivante.

Deux ou trois fois, j'ai senti un flingue dans ma nuque ou sous ma gorge. Sab et Vince ont connu eux aussi cette peur glaciale, qui fait tout lâcher à la seconde. L'agresseur s'arrache, et on respire. C'est tuant. Vendre du shit pour acheter de la poudre, se shooter et recommencer.

À Nice, il n'y a qu'une seringue pour tout le monde. Pas de pharmacie où l'on puisse en trouver en vente libre. À l'époque de mes seize ans, on ne parle pas encore de sida, mais la grande trouille, c'est l'hépatite. On tente de désinfecter ou de brûler les aiguilles, ce qui ne change rien à la seringue elle-même. Le danger est dans le premier sang qu'on tire pour être sûr que l'aiguille est bien dans la veine. Il faudrait la faire bouillir, mais les seringues sont en plastique et ne supportent pas longtemps ce traitement de choc.

À Paris, chaque fois que j'allais acheter des seringues, je les cachais un peu partout pour ne jamais tomber en panne. Il n'y a rien de pire que d'avoir la poudre et pas de seringue. J'en planquais dans un café, sur un lambris de porte, sous un carreau de carrelage, dans une petite gouttière derrière les panneaux publicitaires. Ce sont de petites seringues à insuline, longues et fines, moins grandes qu'une cigarette. Mais dans les conditions du squat à Nice, dans l'errance perpétuelle, le manque de tout, on se retrouve le plus souvent à se repasser la même shooteuse.

À force de crever de faim et de froid, Vince décide de nous loger chez sa mère qui s'est absentée deux jours. Et moi d'appeler la mienne. Je ne sais pas depuis combien de jours je suis partie, brouillard total, mais je veux la rassurer sans me faire repérer. J'ai beau planer, je demeure réaliste. Pas question de lui dire où je suis, même si je lui fais confiance : une fois rassurée, elle ne me dénoncera pas à mon père. D'abord une douche, c'est bon une douche, c'est bon d'ouvrir un frigo dans lequel il y a à manger, de dormir dans un lit, c'est génial après des jours de galère. Ce squat puait la pisse, on n'y dormait que d'une oreille. Tout d'un coup, j'ai un toit, quatre murs autour, une porte blindée fermée à double tour. Ce n'est pas la fête, mais il n'y a pas de risque de viol ou d'agression. Et je dors enfin à l'abri.

« Maman, rappelle-moi à tel numéro. Fais vite, je ne reste pas longtemps ! »

Ma mère est à son bureau. Elle rappelle aussitôt, mais le bureau de mon père étant tout à côté, il comprend qu'elle discute avec moi et lui fait signe de me retenir le plus longtemps possible, note le numéro, et court appeler le commissariat de Cannes sur une autre ligne. Ma mère n'a pas réalisé ce qu'il faisait sur le moment, et ne m'en parle même pas. Elle me questionne, je réponds, la rassure comme d'habitude. Tout va bien, je mange, je suis chez des copains dans une maison.

Il se trouve que mon père connaît quelqu'un au commissariat de Cannes, un client de son entreprise. Pendant ce temps, les questions maternelles s'enchaînent : « Comment tu dors ? Qu'est-ce que tu manges ? Est-ce que tu as besoin de quelque chose ? Tu n'es pas malade ? »

Je suis restée longtemps au téléphone, pour qu'elle n'ait pas de peine, pour qu'elle m'accorde, même sans le dire, le droit de fuguer, d'être ailleurs, dans ce monde de pourriture. Qu'elle me laisse vivre mon désespoir jusqu'au bout, qu'elle continue de croire à une petite révolte de jeune anarchiste, de punk momentanément à la dérive. À cette époque de ma jeune existence, je considère ma mère comme une adulte fragile, je ne me rends plus compte de rien.

6.

C'est un commissariat central, à l'ancienne, avec des bancs en bois. J'ai entendu ses pas, je sais que c'est lui sans savoir comment il a fait si vite. Je l'ai vu arriver. Je me serais levée, mais il ne m'a pas regardée, même pas dit un mot en passant devant moi, et il est entré dans le bureau du flic. J'ai l'impression que mon père est dans une colère noire. J'ai bravé son autorité, je me suis sauvée comme un chien, alors il vient me récupérer à la fourrière.

J'attends sur mon banc dans le couloir. Vaguement soulagée d'être au moins présentable, lavée des folies de ces dernières semaines. Les flics m'ont « logée » chez la mère de Vince, embarquée, et il est déjà là. Il a dû prendre l'avion pendant que je téléphonais !

Il est entré dans le bureau quelques minutes, en ressort toujours muet, sans un regard pour moi, et le flic m'annonce :

« Tu pars avec ton père. »

Le chien suit. J'attends qu'il dise quelque chose, je voudrais pouvoir répondre que je ne veux pas rentrer. Rien. Il n'ouvre la bouche que dans l'avion du retour.

« Maintenant, je vais m'occuper de toi. C'est fini, la rigolade. »

Comme si j'avais rigolé jusque-là.

S'occuper de moi, grande nouvelle. Ça ne m'amuse pas, et je me demande bien en quoi ça consiste, de s'occuper de moi. Et il imagine que ma mère m'a laissée « rigoler », comme il dit. Que je l'ai menée par le bout du nez, qu'elle n'a pas d'autorité sur moi. Que, s'il avait été plus ferme, je n'en serais pas là. Donc, qu'il doit reprendre les choses en main. Remplir son rôle de père, puisque l'autorité maternelle lui paraît défaillante.

Me reprendre en main, c'est m'enfermer chez lui, sous la surveillance étroite de sa nouvelle femme, Paquita. J'aurais voulu un échange avec lui à ce moment-là, quelque chose de constructif, de l'amour, de la vérité, qu'il laisse tomber le masque du paternel horrifié par la fugue de l'ado. J'imagine que ma fuite signifie pour lui que je ne l'aime pas, et il ne supporte pas qu'on ne l'aime pas. Tout le monde doit l'aimer. Je ne le juge ni ne le condamne, il a certainement fait tout ce qu'il pouvait. J'aimerais qu'il m'en parle, mais, au lieu de ça, la porte de son appartement se referme sur moi. Je suis bouclée, et il repart à ses affaires.

Bien évidemment, il est hors de question que je fume un pétard, ou même une cigarette, il est allergique à la fumée. Je me planque sur le balcon pour fumer. Je n'ai pas le droit de téléphoner, pas le droit de sortir, le droit de ne voir personne.

Mais j'ai trouvé le moyen – et je me demande encore qui j'ai réussi à contacter pour ça – de me faire livrer des doses de poudre par un copain qui les planque sous le tapis du couloir menant à l'appartement. J'ai la mémoire qui flanche trop souvent. Ce doit être un pote qui sait que je le rembourserai, Michel forcément... Le seul de ma bande qui présente bien. Il a dû demander de mes nouvelles à ma mère, apprendre que j'étais de retour à Paris. Il vient régulièrement alimenter le paillasson.

Le seul endroit où on me laisse aller seule, ce sont les toilettes. Même dans la salle de bains, Paquita m'accompagne. Je récupère la poudre sur le palier, je planque une shooteuse sous le papier peint des toilettes, dans un coin où il est un peu décollé. Je n'ai qu'à reprendre la poudre, quand Paquita me fait sortir avec elle sous surveillance rapprochée. J'ai l'habileté du cafard...

Ensuite, je raconte des bobards pour m'enfermer dans les toilettes, soit que je suis constipée, soit que j'ai la colique. Paquita vient se planter devant la porte, méfiante :

« Qu'est-ce que tu fais ?

– Lâche-moi, je suis constipée. »

Et je shoote enfin. Je tiens un mois entier, enfermée dans cet appartement. Mon père a-t-il cru m'imposer une cure de désintoxication en faisant cela ? Je ne crois pas, il ignore où j'en suis. Pour l'instant, je n'ai fait de confidences à personne d'autre qu'à Sylvie, et encore, j'ai minimisé la prise de la poudre, et elle m'a promis le secret. Je pense que mon père, sûrement bien intentionné, a voulu m'écarter des « mauvaises fréquentions ». M'empêcher de fumer des pétards.

Me ramener au bercail, parce que tout simplement, à seize ans, une fille ne doit pas partir seule.

Cette contradiction chez lui m'est incompréhensible. Il se veut libéral. Une fille de douze ans, à Tahiti, peut faire l'amour, c'est normal. En revanche, sa fille n'a pas le droit de péter les plombs en essayant de comprendre tout ça et de lui trouver des excuses au nom de l'amour.

J'aime bien Paquita. J'ai toujours en tête ce point d'interrogation bizarre venu des brumes de l'enfance. Est-elle ma véritable mère ? J'aimerais bien une réponse, là aussi. Je ne manque pas de mère, l'officielle est toujours dans ma tête, c'est elle que je protège, c'est elle qui est toujours là quand je suis malade, présente, avec les petites choses que j'aime manger quand je n'en ai même plus la force.

Mais si mon père a décidé d'exercer son autorité pour essayer de m'aider, elle a cédé. Je voulais être vétérinaire. Il me répondait :

« Tu ne sais déjà pas tes tables de multiplication, tu ne seras jamais vétérinaire. »

Paquita m'emmène en promenade un jour, toujours sous surveillance. Il me semble que le printemps arrive et qu'il est pluvieux ; en tout cas, je me souviens de son parapluie. Nous sommes place de la Nation, et j'aperçois le cabinet du vétérinaire de mon chien. J'aime cet homme et son travail depuis toute petite.

On m'avait toujours refusé un animal à la maison. Et finalement, vers onze ans, j'ai eu un chiot, un boxer femelle, c'est mon père qui me l'a offert. Une vraie passion, ce chien. Une tonne de tendresse. En grandissant, il est devenu énorme, et ça me plaisait de le balader. C'était le chien de la famille, mais c'est moi qui m'en occupais. Elle s'appelait Jenny. Comme elle avait eu la maladie de Carré, je l'emmenais chez le vétérinaire, et je me passionnais pour son travail. Il m'a prise en stage pendant les vacances, et m'a appris énormément de choses. Ensuite, j'ai rencontré un dresseur de chiens pour apprendre à Jenny à écouter un peu mieux, je me suis intéressée à la science du comportement animal. Moi qui vivais dans un monde où je ne communiquais pas, je faisais la comparaison entre le comportement humain et les codes de communication au-delà des mots. L'éducation qu'on reçoit enfant m'est apparue hors de toute logique : « Si tu ne fais pas ci, ou ça, je te mets une baffe ! » Alors que, si on donne une baffe à un chien qui n'obéit pas quand on l'appelle, il ne reviendra jamais... Il a besoin de confiance et de protection pour apprendre les règles. Avec ce vétérinaire, j'ai rencontré l'une des rares personnes qui parlait un langage humain, logique et chaleureux. Je l'assistais pendant les opérations, j'ai ainsi compris la chirurgie vétérinaire, j'étais utile à quelque chose, tandis que pour mon père, c'était impossible sans les tables de multiplication ! Pas le droit de rêver. Pas le droit d'être un coquelicot ou une fleur de tiaré dans un monde de roses formatées – même taille, même couleur, plus de parfum.

En apercevant de loin l'enseigne de mon vétérinaire, j'ai soudain envie d'aller lui dire bonjour, de parler, de retrouver un contact avec la passion de mes douze ans. Paquita refuse :

« Pas question !

– Mais enfin, je veux juste...

– Non. Et non, c'est non. »

Son autorité me paraît complètement débile. Cette envie de revoir cet homme, c'est le retour à l'enfance, à « l'avant », comme une pulsion de vie, alors que je côtoie la mort depuis trois ans déjà. Elle exige mon obéissance. Ce n'est pas possible de demander à quelqu'un comme moi l'obéissance. On ne peut que susciter l'envie de ne pas obéir. Et elle accompagne cette manifestation d'autorité par un geste stupide, bien que je sois vraiment calme.

Elle lève le parapluie sur moi d'un air de dire : « Maintenant, c'est moi qui te dis ce que tu fais, on rentre à la maison, tu ne vas pas chez le vétérinaire. »

Et là, réflexe. C'est une menace, mais elle ne peut pas utiliser un argument comme un parapluie, ce n'est pas quelque chose qui puisse me faire peur. J'ai déjà eu un flingue sur la nuque, un couteau sous la gorge, rien à foutre de son parapluie. C'est disproportionné. Elle veut me faire obéir à un parapluie ? Ridicule ! En revanche, c'est une agression, alors que j'étais de bonne volonté et que mon désir n'avait rien de négatif.

J'explose. Je l'attrape, je la couche par terre en hurlant :

« Jamais tu ne me refais ça ! »

Et je me barre toute seule. Même pas besoin de courir, mais en colère. Et en colère vis-à-vis de moi-même parce que ça m'emmerde d'avoir été obligée de faire ça pour l'arrêter. Nous sommes place de la Nation, je file par le cours de Vincennes et attends un moment avant de revenir dans mon fief poudreux, isolé. Aucune possibilité de retourner en arrière, on ne va pas laisser passer un coup pareil. Je l'ai étalée par terre, rendue minable en pleine rue. J'étais pourtant en pleine bonne évolution. Qu'est-ce qu'elle a cru ? Que je voulais voir cet homme pour lui piquer des seringues ? Je l'aurais peut-être fait dans la foulée. J'en ai marre de ma vieille seringue usée, planquée dans les chiottes, j'en aimerais bien une neuve. Mais ce n'est pas l'important, je voulais le revoir, lui, le vétérinaire de passion, celui qui m'a fait confiance toute petite, l'adulte rare qui m'a appris tellement de choses. J'étais sincère.

C'est le printemps, il ne fait pas froid. Je cherche un pote dans le coin et je tombe sur Petit Philippe, un bon junkie, un type plein d'amour, emprisonné dans une cage en fer. Petit, pas beau, mais si tendre. Il se prostitue. Il m'a raconté plus tard qu'il avait été violé étant enfant. Il survit comme il peut, il le dit lui-même : « Moi, je vends mon cul pour m'acheter de la poudre. »

Il n'a pas de famille, la DDASS s'est chargée de lui. Au début, je m'en méfiais, les autres aussi. Notre petite bande de copains prétendait faire des conneries pour se défoncer parce que c'est bon, sans vraiment se poser de questions. Il aurait pu faire partie des junkies pourris, une race dont on se méfiait, pire que tout. Un junkie pourri n'a pas d'amis, il te coupe la gorge si besoin. Il n'a plus de limites.

Je sais tout ça ; pourtant, je lui demande s'il a quelque chose pour moi.

« Ouais, et tu paies comment ?

– J'en sais rien. »

Il me connaît de vue, comme une zonarde, pas encore comme une junkie, puisque la bande se gardait bien de l'approcher. C'est le genre de mec qui n'a rien à perdre, il peut vendre du produit à récurer à la place de la poudre et, si on crève, ce n'est pas son problème.

Et pourtant, il a l'air émerveillé que je m'adresse à lui, que je lui parle.

« C'est pas grave, je t'en fais tourner un peu. »

Ça ne fait pas partie d'un fonctionnement normal dans le milieu de la poudre. Ce n'est pas plausible. Du coup, je suis à la fois épatée et hyperméfiante. Il doit avoir vingt-cinq ans. Plus beaucoup de cheveux sur la tête, des dents en moins, un air passe-partout de petite souris, propre sur lui, jamais minable, jamais souriant. Le petit gars de la rue qu'on ne voit pas, transparent. Et on discute. Petit Philippe devient un ami. Il se montre ultra-protecteur avec moi. Il ne me demandera jamais d'argent, il ne veut pas que je devienne délinquante pour obtenir de la poudre. Parfois je lui dis :

« Attends, si tu vas te faire un appart, ou arracher un sac, ce serait normal que je vienne avec toi, parce que je consomme avec toi.

– Laisse tomber.

– Je pourrais au moins faire le pet...

– Non. »

On n'a jamais fait l'amour, même si on a souvent dormi ensemble. Il avait un dégoût de lui-même qui ne l'autorisait pas à venir me salir, il n'imaginait pas pouvoir me toucher. Il n'était pas homosexuel par goût, il l'était à cause d'un viol et par métier. Ce mec dans le summum de la déchéance, le cinq étoiles du pourri, où plus rien d'autre ne compte que le fait de prendre de la poudre, m'aime et me protège comme un frère. Il veille à ce que je ne devienne pas comme lui, car pour lui, c'est fini. Il lui reste peut-être un jour ou six mois à vivre, au train où il shoote. La mort est là, au coin du bois, mais il s'en fout. Et il partage :

« Je m'en fous, je vends mon cul deux fois plus, j'ai deux fois plus de poudre et je la partage avec toi, te bile pas.

– Mais qu'est-ce que je peux faire ?

– Rien. Ne t'en mêle pas. »

Il n'y a pas de deal dans l'histoire. Il est simplement bon avec moi. Je n'en suis pas encore arrivée à son stade, je ne parviens pas à m'approvisionner suffisamment pour être gravement accro.

J'ai disparu plusieurs jours. J'ai dû rentrer chez ma mère au moins une fois, parce que je me vois dormir dans ma chambre avec Petit Philippe. Ensuite, c'est un peu flou. Peut-être que je suis malade... en tout cas, je revois Sylvie et elle comprend que j'ai replongé. Elle a dû dire à mes parents, sans préciser la cause profonde : « Ou je la mets à l'hôpital, au risque qu'elle s'en échappe, ou vous la gardez, mais sous surveillance très serrée. Ou alors je l'envoie dans une famille d'accueil à la montagne. »

Je pars la mort dans l'âme. Elle veut m'éloigner de mon milieu, c'est peut-être une solution, elle a peur pour ma santé. Et me voilà à des kilomètres de Paris, chez des inconnus. Je me retrouve, dans le froid, sans poudre, sans pétard, dans une classe de troisième, dans un bahut que je ne connais pas, avec des jeunes de mon âge aux préoccupations normales. La province profonde. Évidemment, au bout de deux jours, je repère dans la classe ceux qui fument des pétards, et peuvent m'en procurer. Je déniche même un peu de poudre. Pourtant, j'essaie de faire un effort et de tenir la route, de reprendre le cours de la vie. Je suis totalement isolée dans ce pays froid et inconnu. Vince doit venir me voir au bout de quinze jours. Je l'attends comme le messie et je l'ai régulièrement au téléphone. Je suis sous traitement, parce que je ne dors plus, et que je ne mange plus à cause de mon foie. On me bourre de calmants, d'antidépresseurs, et il me faut une dose de cheval pour dormir un petit peu. Je compte les jours.

Enfin, c'est vendredi matin, jour où Vince doit arriver. La famille qui m'accueille n'est pas là, le couple est descendu en ville pour la journée. Je suis seule quand Vince m'appelle pour me dire qu'il est désolé, qu'il ne peut pas venir... Mon petit copain, mon seul repère affectif, fait de la musique en amateur, et il donne un concert le samedi.

« Je viendrai la semaine prochaine, promis !

– C'est pas possible, ne me laisse pas, j'en peux plus.

– Mais non, ma chérie, c'est pas possible, je peux pas lâcher le groupe ! Je viens la semaine prochaine, c'est promis ! »

C'est terrible, cette déception. Je vais mal, et pour ne rien arranger je suis en plein dans une retombée de shoot, la descente. Ce sale moment où l'anesthésie bienfaisante n'est plus là, où la souffrance revient, la lucidité morbide. C'est ce qui fait l'engrenage, car, pour prévoir ce moment affreux, on cherche immédiatement de la réserve, et on re-shoote, et on retombe, et ça continue jusqu'à ce que l'on soit accro, et que le manque devienne douleur physique intolérable, s'il n'y a rien pour le compenser. Je n'ai plus de poudre, et envie de mourir.

Car on imagine toujours qu'on s'en sortira quand on décide de faire des efforts, que ça va s'arrêter un jour, et qu'on pourra enfin relever la tête, s'extirper des sables mouvants. On y croit, et puis on n'y croit plus. Pour moi, c'est terminé, je ne me bats plus ; de toute façon, je ne m'en sortirai pas.

Une fois le téléphone raccroché dans le vide glacial, en pleine dépression, je prends tous les médicaments de mon ordonnance. J'en ai un stock. Je les verse dans un verre en plastique, et j'avale. Une poignée, une gorgée d'eau, il y en a tellement que ça ne passe pas dans ma gorge. J'ouvre le petit bar où il n'y a que des alcools doux de gens bien élevés. Mais il y en a en quantité, et je commence à vider consciencieusement les bouteilles.

Le téléphone sonne. Ma mère. Mes parents participent à un salon professionnel à Paris, ils sont sur le stand tous les deux, comme d'habitude.

« Ma chérie, comment vas-tu ? Et Vince, il vient ce soir ? Je suis contente pour toi, ça va te faire du bien de voir quelqu'un qui t'aime. Je l'ai eu hier au téléphone... »

Je commence à lui expliquer qu'il ne vient pas, mais l'effet des médicaments monte en puissance. Ma mère parle, parle, et je n'entends presque plus. J'ai du mal à articuler, je m'endors au téléphone.

« Mais qu'est-ce que tu as ? Tu as fumé ? Tu as bu ?

– C'est pas grave... »

Je m'appuie contre le mur, puis je me laisse choir sur le sol ; assise, je résiste encore.

« ... C'est pas grave, je n'arrête pas de vous le dire, j'ai pas envie de vivre, arrêtez de m'obliger... »

Je finis allongée par terre, et j'entends encore ma mère.

« Ma fille, reste éveillée, reste éveillée ! Ne t'endors pas ! »

Je crois m'entendre dire :

« T'es trop loin, tu peux rien faire... »

Mon dernier souvenir, c'est le téléphone posé par terre, et la voix de ma mère qui essaie d'appeler les pompiers, ou une ambulance, probablement sur une autre ligne. Comme il n'y a personne avec moi, elle ne sait même pas expliquer où je suis. Elle connaît le nom des gens. C'est elle qui m'a accompagnée jusqu'ici. Elle a le souvenir d'une superette à côté de la maison. Avec le nom des gens et celui du magasin, les pompiers parviennent à situer la maison.

Ils ont explosé la porte et m'ont trouvée par terre. Je me rappelle vaguement qu'on m'a soulevée. J'entends la voix de ma mère au téléphone qui continue :

« Ma fille, parle-moi, parle-moi, je t'aime... »

Jusqu'à ce qu'un pompier ramasse l'appareil :

« C'est bon, on l'a, elle est en vie. »

Il s'est écoulé une heure entre le moment où j'avais pris les médicaments et leur arrivée.

On m'a fait un lavage d'estomac monstrueux et, au réveil, je pleure toutes les larmes de mon corps : « Pourquoi on m'a récupérée, pourquoi on me force à vivre ? C'est dégueulasse, c'est égoïste ! »

La minute suivante, je demande pardon à ma mère de lui avoir fait ça. Évidemment, la seule chose qui compte pour elle, c'est que je sois en vie. Elle a dû avoir un choc, en réalisant qu'elle avait eu énormément de chance d'appeler justement à ce moment-là. Un hasard. Je suis restée deux jours à l'hôpital, je ne me souviens pas de la sortie.

Voilà, je suis en vie. Sur l'instant, je ne prends pas ça pour un coup de chance. Mes parents travaillent trop, ils n'ont pas pu venir. Je crois que mon père ne veut pas que je rentre à Paris. Vince est enfin venu. Il est resté huit jours avec moi dans cette pension, à jouer aux sports d'hiver. J'imagine que l'on ne sait pas quoi faire de moi. Ça doit être ça.

J'ai une drôle d'image de mes parents à cette époque. Ils ne se parlent plus depuis des années, mais travaillent ensemble. Et ils ont en commun cette fille qui cherche à crever.

Je ne dis plus rien. Je ne parle plus de souffrance, puisque je suis en vie grâce à ma mère. Ce serait déplacé, et trop triste pour elle. Si au moins ma mort leur était utile à quelque chose – qu'ils se parlent, enlèvent leurs masques et leurs costumes pour se regarder en face. Inconsciemment, en me mettant en danger, en courant après la mort, je voulais peut-être les rassembler. Mais il n'y avait pas que « ça ». Il y avait cette souffrance profonde de l'adolescent toxico, qui ne veut pas admettre qu'il souffre, et encore moins le dire. Jamais. Plutôt mourir.

7.

C'est lui qui m'a volontairement accrochée. Il buvait un café à une autre table, je savais que c'était quelqu'un qui gravitait, qui traînait là, autour des gens que je connaissais, mais tout le monde s'en méfiait. J'avais perdu un ou deux réseaux d'approvisionnement. Sab était repartie dans le Midi. Je pense que c'était dans ce bar, le Louis XVI. Il m'avait vue probablement zoner avec Petit Philippe. Je me souviens de sa tête, des cheveux vaguement frisottés, fins, épars, le front légèrement dégarni, des vestes un peu longues, presque des manteaux.

Je lui ai posé la question :

« Tu ne sais pas où trouver de la poudre ?

– J'ai cinq grammes, ils sont à l'hôtel, je me balade pas avec ça. »

Il est bien habillé, présentant correctement, il habite à l'hôtel juste en face du lycée.

Il a une trentaine d'années. Je me méfie parce qu'il me paraît malsain, louche... Et d'abord, d'où il la tient sa poudre, et gratuite en plus ? Mais comme il a l'air d'avoir des moyens, qu'il habite à l'hôtel, qu'il se dit vendeur au porte-à-porte de je ne sais plus quoi, c'est plausible. Sa chambre n'a rien d'une piaule pourrie comme j'ai pu en connaître. Une chambre d'hôtel bas de gamme, pas grand-chose dedans, mais des petits détails laissant à penser qu'effectivement c'est un type qui a du boulot et qu'avec son salaire il consomme au quotidien. En tout cas, il n'a pas une allure de punk. Je le suis, en me disant que je prends un risque. J'ai tellement rencontré de types qui voulaient me sauter dessus, je reste aux aguets. Mais tout se passe bien, je me fais un shoot. Je repars.

« Tu reviens quand tu veux, j'en ai tout le temps. Tu repasses. »

Je suis revenue dans l'après-midi reprendre de la poudre avec lui, repartie, revenue le lendemain et, finalement, au bout de deux ou trois jours, j'en arrive à quatre ou cinq shoots avec lui par jour. Comme il en a en quantité, je me sers en quantité, et ce ne sont plus des petits shoots tellement dilués qu'on ne sent pratiquement rien. Il est amateur de qualité.

Ma consommation quotidienne représente alors l'équivalent de dix shoots dans la rue. Il a son matériel dans la chambre, et dès le début j'ai senti le pro. Hop ! la seringue, hop ! la cuillère, hop ! le garrot, avec la même facilité qu'il boit un café.

Le garrot par exemple, au début on demande à quelqu'un de le tenir. Lui, il prend sa ceinture ou sa cravate, il tire avec les dents, avec une facilité ! Et il me donne, il me donne sans réserve, il m'en laisse même quand je repars de chez lui, au cas où j'aurais envie d'un shoot dans la soirée. J'éprouve un certain dégoût pour cet homme, mais il est une source de produit gratuit. J'y vais à contrecœur, ce n'est même pas une relation affective ou amicale. Une fois bien fracassée par la poudre, il m'arrive de dormir avec lui, mais je n'en éprouve pas le désir. Et quand il pique du nez, je récupère d'avance tout ce que je peux emporter. À ce moment-là, même si la réalité est fumeuse, je sais parfaitement ce que je fais. Je profite de ce type avec une hypocrisie monstrueuse parce que je le trouve nul, que je le méprise, qu'il ne m'intéresse pas, pis, qu'il me dégoûte. Je suis devenue capable de faire n'importe quoi pour avoir de la poudre. Mais je me méfie quand même. Je rentre le soir chez moi avec ma provision, et il ignore où j'habite. Je voudrais être capable de ne pas y retourner le lendemain, mais j'y retourne parce que c'est gratuit et que, mes besoins allant s'amplifiant, je tomberais dans la délinquance si je devais payer.

Or c'est ce qui m'arrive. Rien n'est jamais gratuit, surtout dans ce milieu.

« Bon, il faut qu'on aille chercher de la tune, on y va ensemble.

– Et on fait quoi ?

– Viens, c'est pas grave, je vais t'apprendre. »

Il commence par me mettre sur des coups, guetter les gens qui descendent de voiture pour acheter des cigarettes et laissent leur clé dessus. Je connais déjà, ce n'est pas très grave pour moi. La voiture est revendue à quelqu'un qui va la désosser. Parfois, on s'en sert un moment avant de la fourguer. Je ne voulais surtout pas m'attaquer au sac des femmes âgées. J'ai failli à un moment donné, mais je me suis arrêtée. J'avais peur, une fois dans l'action, de leur faire du mal. Mais j'accepte de faire d'autres choses. J'abandonne mon style de punk. Il me transforme en petite nana bien propre, de façon à ce que je passe inaperçue lorsqu'on s'en prend aux quartiers de bureaux. La première fois, nous l'avons fait ensemble, ensuite, il m'a dit :

« Maintenant, c'est bon, tu as compris, tu le fais sans moi. Je t'attends en bas. »

Je pénètre dans l'immeuble, file dans les couloirs, cherche un bureau dans lequel il n'y a pas beaucoup de monde, et je repère un sac de femme. Si quelqu'un me demande ce que je fais là, c'est simple : « Vous pouvez m'indiquer le bureau de Mme X ? » Sinon, j'attrape le sac et je file. Dans le sac, il y a parfois de l'argent, parfois une carte bleue, mais surtout les clés et l'adresse de la personne. Et on est déjà chez elle, en train de la dépouiller, avant même qu'elle s'aperçoive de la disparition de ses affaires.

Chez moi, j'arrive à donner le change, pourtant je suis en permanence fracassée, mais, pour le peu que je rencontre ma mère, elle est contente de voir que je garde le contact, que je prends une douche, que je lave mes fringues. Elle s'inquiète de savoir si j'ai mangé, et je réponds toujours oui, alors que je n'avale que des choses en bouillie. En fait, je ne mange pas, je ne suis jamais à table, je remplis mon ventre le plus souvent de l'eau chaude du robinet avec de la purée, du bouillon ou un morceau de pain, uniquement pour avoir quelque chose de doux dans l'estomac quand j'ai besoin de vomir.

Il n'y a plus de nourriture, plus d'envie, plus de plaisir, plus de vêtements, je n'ai plus la force de rien. Acheter une fringue, c'est un problème, il faut cacher ses bras.

Et le temps passe. Il me semble que je revois Sylvie de temps en temps. Vague brouillard. Un jour, j'ai promis à ma sœur de l'emmener au cinéma. Et j'ai annulé, deux ou trois fois, parce qu'on était en attente d'un deal de poudre ou sur un coup. Elle était très déçue : « On ne se voit plus du tout, j'ai vraiment envie qu'on aille au ciné ensemble. »

Elle s'enferme à la maison. Je sais que pour elle, c'est non seulement un espoir de sortie, mais une tendresse de sa part. Chaque fois que j'ai annulé le projet, j'étais mal parce que je choisissais la poudre par rapport à ma sœur.

Le contraste entre son envie de cinéma avec moi et ce que je vis est douloureux. C'est l'horreur, cette double vie, on a vraiment l'impression de trahir les siens. Alors, je me décide un jour, et l'autre, le VRP de la poudre, refuse :

« Non, t'y vas pas, y a plus de poudre, faut qu'on aille en chercher.

– Pas question ! J'y vais, je ne peux pas faire ce coup-là à ma sœur, je lui ai promis.

– Et alors, qu'est-ce qu'on en a à foutre ? »

Plus je résiste et plus il se montre irrespectueux vis-à-vis de ma sœur. Je ne le supporte pas.

« Maintenant, tu m'emmerdes, j'ai choisi d'aller au cinéma avec ma sœur, tu peux faire ce que tu veux, mais je n'irai pas avec toi. »

Il y a déjà eu des périodes où, la poudre venant à manquer, il avait fini par me dire :

« S'il n'y a pas de solution, au pire, tu te fais un mec.

– Je ne veux pas me faire un mec. Ça, non.

– De toute façon, il faudra bien y arriver.

– Non. Je vais plumer des portes avec toi, je vais faire les bureaux avec toi, je partage ton boulot... c'est bon, ça s'arrête là. Je ne ferai pas la rue. »

Je sens qu'il est en train d'installer le fait que je suis à sa merci, qu'il est ma source de non-souffrance. Il m'aime bien, mais comme un proxénète aime sa pute.

Quelque chose, ce jour-là, dépasse le supportable, et pourtant j'en ai supporté.

« Si tu vas au cinéma, au retour, je ne te donne plus rien. Et tu pourras toujours pleurer, et te traîner à genoux, plus rien.

– Ah bon ? Eh bien, maintenant, tu peux aller te faire foutre. Jamais je ne reviendrai.

– On verra. Dans deux heures, tu reviens à genoux.

– Tu me connais mal, c'était la dernière chose à me dire, maintenant je me barre ! »

Et je vais au cinéma. J'ai shooté une heure avant et, à la fin de la séance, presque trois heures plus tard, j'ai besoin de recommencer. Mais ma décision est prise, je ne retournerai pas chez ce salaud.

Je laisse ma sœur à la sortie du cinéma, elle rentre toute seule, il faut que je trouve une solution d'urgence. Je me doute que ce passage sans shoot va me rendre malade, mais je ne connais pas encore la véritable souffrance du manque.

Je cherche et je ne trouve pas. Et là, je commence à avoir mal.

Je me dit : « Maintenant, il n'y a plus qu'une urgence, je fais quoi ? »

L'urgence, c'est d'emprunter une plume, autrement dit un pied-de-biche, et je vais me faire une porte. Je cours chez un pote, il me prête le matériel, tous les copains en ont...

Je monte dans le premier immeuble venu. Et je cherche une porte qui me convienne, de manière à sentir arriver éventuellement le propriétaire, et qu'il ne puisse pas me coincer.

Je grimpe au sixième étage. Je bloque l'ascenseur. Si quelqu'un vient, je l'entendrai monter l'escalier, et j'aurai toujours le temps de filer par l'ascenseur.

Je plume la porte qui s'ouvre avec une facilité étonnante, presque sans bruit, et je commence à fouiller. Je ne trouve rien d'autre qu'une superbe clarinette. Je me dis que ça doit valoir quelque chose, au moins un shoot. J'avance dans l'appartement, j'entre dans la chambre et je vois un type qui dort ! Dans son lit, tranquillement. Le choc !

Je retourne en arrière à pas de loup, ferme la porte, reprends l'ascenseur et file avec la clarinette pour la fourguer.

Ce qu'on me propose représente un centième de sa valeur. Je m'en fiche, l'urgence est couverte, mais je dois me remettre à la recherche de la dose suivante. Cette fois, je suis accro.

Au fur et à mesure que ma consommation augmente, la nécessité d'argent au quotidien devient considérable. Je suis passée au stade de la survie. Je ne peux plus considérer qu'il me suffise de faire un petit deal, de récupérer quelques grammes pour faire une grosse « teuf » pendant un jour ou deux et supporter le mal de la redescente. La montée, la redescente, et la douleur qui arrive juste après.

Et c'est la panique.

Il faut prévoir le shoot suivant tant qu'on est à bloc, que l'on en a plein le sang. Le pire étant de ne pas trouver la solution à ce moment-là, et de sentir qu'on ne va pas passer la barre de la souffrance. J'ai commencé à comprendre ce système à Nice. Sentir que le produit est en moi et que je suis déjà en train d'anticiper la descente. De chercher qui, où, comment je vais assurer la suite. Le désespoir qui m'a conduite dans la poudre, la poudre ne l'absorbe plus. Je n'ai plus le temps de souffler, d'être tranquillisée, sauf à tomber sur une montagne de poudre facile, gratuite, comme c'était le cas au début avec ce salaud.

En général, les fourgues prennent les objets contre un paquet de poudre symbolique. Ils savent que ce n'est pas l'argent que nous cherchons, mais de la poudre dans l'urgence.

Ensuite, ce sont eux qui en font de l'argent. Quel que soit l'objet – cuir, bijoux –, on ne garde rien, il faut faire vite, vite pour avoir la poudre. C'est l'engrenage, la recherche à plein temps. La délinquance obligatoire ou la prostitution que je refuserai toujours, de toutes mes forces.

Je suis désolée d'avoir piqué cette clarinette. J'ai honte, je me suis rendu compte que cet instrument devait être une passion ou un instrument de travail pour cet homme qui dormait. Peut-être un objet hérité de quelqu'un de cher. Même s'il avait les moyens d'en racheter une autre, cent fois plus belle, elle ne remplacerait jamais cette clarinette-là. Je le savais en la prenant, mais je ne devais surtout pas y réfléchir sur le moment. J'en avais conscience mais pas le choix. Ainsi je suis devenue ce qu'on appelle communément une voleuse, diurne et nocturne.

Une pie shooteuse, une pie voleuse, l'un n'allant pas sans l'autre, à moins d'être milliardaire. Alors j'ai presque tout fait. Les sacs, dans les gares, les aéroports. J'attendais le moment où celle, ou celui, que je guettais allumait une cigarette, achetait son journal, ou le posait à ses pieds. Si je tombais sur du liquide, c'était une bonne journée, j'avais le temps. Pour les cartes bleues, il fallait faire vite. À ce moment-là, elles ne fonctionnaient pas comme aujourd'hui, les machines prenaient l'empreinte, on signait, c'était trop simple. Il n'y avait plus qu'à écumer tous les magasins possibles, acheter très vite le maximum de choses avant qu'il y ait opposition. Des choses faciles à revendre. Des cuirs, du matériel hi-fi, des autoradios.

Mais jamais je n'ai volé un sac à l'arraché et jamais je ne me suis soumise à la prostitution.

Les hôtels aussi marchaient très bien. Le réceptionniste, dans un hôtel de moyenne classe, est un peu à tous les postes. Il va, il vient, il accompagne le client dans sa chambre, alors on attend qu'il ait quitté son poste, on pique les clés au tableau – surtout quand la clé est accompagnée d'une lettre, d'un message, ce qui suppose que la chambre est occupée, mais que le client est absent. Là, on trouve des caméras, des appareils photo, des passeports, des permis de conduire, tout ce qui peut se revendre. Si le réceptionniste nous voit redescendre et pose une question, on répond tranquillement : « Je pensais que mon ami était là... »

Et on file avant qu'il vérifie son tableau. Sinon, on remet la clé en place.

J'ai gardé des séquelles de cette vie suicidaire entre quinze et dix-huit ans. Une mémoire pleine de trous sur certains événements, une chronologie difficile à remettre en place. Parfois, je me demande où j'étais, quand, avec qui ? C'est un côté négatif, et il y en a eu d'autres. Mais j'ai conquis en positif une honnêteté et une droiture qui frisent parfois la naïveté. Je n'emprunte jamais d'argent. S'il me manque vingt centimes pour acheter quelque chose, et qu'on me fait crédit, je refais le chemin immédiatement pour rapporter les vingt centimes. Il faut qu'on me fasse confiance, c'est une question de survie. Aujourd'hui je ne peux plus trahir la confiance de l'autre car elle m'honore.

À l'époque, je me conduis comme tous les junkies pourris, c'est un fonctionnement qui a une raison vitale. Aujourd'hui, je ne souffre plus, je n'ai plus froid, je n'ai plus faim, je n'ai aucune justification à la moindre des malhonnêtetés. Même d'une malhonnêteté verbale.

J'ai trop souffert de ce *no limit*, de cette inconscience trouble dans laquelle je me voyais faire des choses épouvantables alors que j'aurais dû être capable de les refuser.

Le drogué n'est pas forcément faible. En tout cas, par nature, je ne l'étais pas. J'étais combative, sportive, bonne à l'école au début, pas complètement idiote, et j'avais du caractère. Rien ne me prédestinait à la poudre. Autant un Petit Philippe avait de quoi tomber, autant ce n'était pas mon cas. Et pourtant, je suis tombée, si bas que je me croyais faible. Si j'entendais quelqu'un dire à la télévision ou ailleurs qu'il s'en était sorti, je me disais : « Il est fort et moi je n'y arrive pas, je ne trouve pas de chemin valable. »

Erreur. On y tombe ou on en sort, non parce qu'on est faible ou fort, mais parce qu'on est les deux à la fois. Dès que l'on a admis cette évidence, la peur et la souffrance s'estompent, peu à peu on s'accepte, on entrevoit la petite lumière de vie qui brille en chacun de nous, et à laquelle on ne croyait pas, puis on s'efforce de la faire grandir avec bienveillance.

Avant cela, je ne cesse de courir après la mort. Je ne revois plus l'horrible mac qui croyait m'utiliser au point de me mettre un jour sur le trottoir. Je sais qu'il me cherche, il a écumé les alentours du Louis XVI, où j'évite maintenant de traîner. De toute façon, je ne vais plus en cours, plus de lycée. Je vis dans un autre monde pourri.

Je continue à faire des sacs, à plumer des portes. À fréquenter des types odieux.

C'était quand ? Je ne sais plus. En tout cas, je me revois en voiture avec un dealer, Sab et moi à l'arrière, lui au volant. Un genre de rocker qui ne consomme pas, les pires de tous. Le vrai pourri, qui sait ce qu'il fait, uniquement pour gagner du fric, et se fout pas mal de vendre à un gamin de quinze ans. Avec un mépris total pour ceux qu'il exploite. Un vrai marchand de mort. Un autre type inconnu est sur le siège du passager.

Le deal doit se faire, et on se fait serrer dans la voiture. Dès qu'il voit les flics, le dealer se débarrasse de tout ce qu'il a. En une seconde, il se retourne vers moi et balance à l'arrière, juste à mes pieds, un tube d'aspirine bourré des doses prêtes à la vente. Il n'a même pas pris le temps de réfléchir. Les flics ne sont pas forcément là pour le serrer, c'est peut-être un simple contrôle. Ou alors je suis naïve et il a été balancé. Et c'est nous qu'il balance.

« C'est pas à moi, c'est pas à moi, regardez leurs bras, regardez les miens, moi j'en prends pas. C'est des junkies que j'ai ramassées dans la rue, je ne les connais pas. S'il y a de la poudre, c'est pas à moi, c'est à elles ! »

On nous embarque au poste.

« C'est pas nous, c'est lui, le dealer, qui a tout balancé derrière.

– On serait pas dans cet état de manque si on avait autant de poudre à notre disposition. On n'a pas une tune, on est en manque. On a vu ce mec pour qu'il nous en fournisse. »

Ce type conduisait une voiture en bon état par rapport aux poubelles dans lesquelles on circulait habituellement. Manifestement, il était connu des flics, parce qu'ils nous ont relâchées assez vite, et ont gardé les deux types.

Ce dealer était un fou furieux, on le savait. Sab s'était déjà fait casser la gueule par lui. Je crois qu'il a fait quelques années de prison. En tout cas, les flics s'intéressaient à lui, et pas à nous, deux pauvres junkies visiblement en manque, mineures, avec des têtes cadavériques.

On s'est retrouvées dans la rue. Pas de deal, pas de poudre, tout à recommencer.

Par moments, on est obligé de fréquenter ces gens qui nous dégoûtent profondément. Ce type était une source de produit de qualité, en principe fiable quand il disait que la poudre arriverait tel jour. Lorsqu'on a affaire à un dealer qui consomme, on prend toujours le risque qu'il ne soit pas au rendez-vous – soit il a fait une overdose, soit il s'est fait braquer. Il peut aussi oublier. Le deal est toujours aléatoire, il peut ne jamais se faire, ou simplement avec beaucoup de retard, ce qui aggrave le manque. Et les solutions d'extrême urgence pour ne pas souffrir, dans ce cas, nous amènent parfois sur des produits de mauvaise qualité, que l'on paye très cher, en prenant des risques, et parfois en se jetant dans la gueule du loup. Ce dealer était connu, un commerçant avec des livraisons sûres, mais voilà, un jour ou l'autre ces salopards se font balancer, ou serrer. Je suppose qu'une fois relâchées, avec Sab, on s'est rabattues sur un plan de rue dans l'urgence.

Les plans de rue sont globalement les plus dangereux. On n'a pas le temps de valider la qualité, on peut se faire braquer, ou prendre un mauvais coup. Il vaut mieux entrer dans un milieu pour avoir accès à celui qui vend, mais il faut être parrainé. Il y a des endroits, véritables supermarchés de la poudre, où l'on sait que personne n'interviendra si on se fait couper la gorge, ou violer. J'y suis entrée quelquefois, parrainée, et pas par n'importe qui. Je savais qui pouvait me faire entrer et qui permettrait ensuite que je revienne seule.

Dans la période de la poudre, si j'étais en manque, je prenais tout ce qui me tombait sous la main. Je shootais avec n'importe quoi. Des médicaments, des espèces de sirop. Parfois, il fallait mélanger le produit avec de l'eau, et je me souviens de m'être shootée avec l'eau du caniveau, et même l'eau de toilettes à la turque.

J'étais là, c'était moi au beau milieu des immondices, et je ne les voyais pas. Je ne me voyais plus. Il y avait quelqu'un d'autre, une personnalité de l'ombre, et elle n'avait qu'un but, un seul objectif : prendre des produits pour ne pas souffrir.

8.

Aux alentours de dix-sept ans – qu'est-ce qui m'a décidée, je ne sais pas... –, je fugue en Espagne avec Sab, probablement son petit copain Doumé et Vince.

Je suis mineure, sans autorisation de voyager, donc je pars comme d'habitude, en train, avec toujours le même système : une déclaration de perte de papiers d'identité sous un faux nom et une fausse date de naissance. On part avec trois francs six sous, en se disant qu'on trouvera une petite pension de famille. Sab et moi parlons espagnol, et le but est de fuguer hors de France, de façon à ce que la police ne puisse pas me retrouver.

Je ne veux pas retourner à Nice, Vince est dans le collimateur de mon père, qui a même voulu porter plainte contre lui depuis ma première fugue.

Doumé est déjà sur place, mais là-bas, très vite, je me retrouve seule. Je ne sais pas où est passée Sab.

Alors je traîne dans Madrid à la recherche d'un bon plan. Et je rencontre quelqu'un dans une fête, un garçon plus âgé que moi, entre vingt-deux et vingt-cinq ans. J'ai accroché tout de suite, et lui aussi. On sent tous les deux le début d'une histoire d'amour. Une vraie, avec de la tendresse et de la confiance, du rire et des câlins. J'ai connu trop tôt la sexualité. À douze ou treize ans, on est nul. Et les autres expériences ne m'ont pas apporté grand-chose de plus. Mon tout premier amour m'a fait pleurer, c'est le seul jusqu'à présent. On n'oublie jamais son premier amour.

Mais, à dix-sept ans, tout est différent. Luis m'attire, j'ai tant besoin d'amour et de protection. Nous quittons la fête ensemble et il m'emmène à son appartement pour finir la soirée. Un endroit clean, propre, rien d'une piaule de misère. On fume un pétard, on se fait un rail de coke et, comme j'ai de la poudre, on prépare un shoot d'héro et de coke, un *speed ball*.

C'est une soirée super et je m'endors là, heureuse. Il me réveille avec un petit déjeuner de palace : jus d'orange frais, brioche – des attentions inhabituelles pour moi. Luis n'est pas un junkie malsain. Il ne shoote pas comme moi au quotidien, uniquement les jours de fête. Il est libre, Luis...

Alors, j'ai envie de rester là, de ne plus bouger. Je suis bien avec lui, au chaud dans la tendresse, avec ses projets. Pour la première fois de ma vie, je rencontre un homme qui m'aime et que j'aime, et qui veut me garder.

« Bientôt, je pars en mer, sur un voilier, avec un couple d'amis. On va faire le tour de la Méditerranée, aller jusqu'au Maroc, je t'emmène ! »

Un rêve. La mer, le soleil, l'amour. Mon seul problème, c'est la poudre. J'en ai un besoin réel, pas lui. Je ne sais pas s'il s'en est rendu compte.

Je ne sais plus comment un message m'est parvenu de mon père, puisqu'il ignorait où j'étais. Ai-je téléphoné au bureau pour rassurer ma mère comme d'habitude, suis-je tombée sur lui ? En tout cas, je dois rentrer d'urgence.

« Ta mère a un problème de santé, c'est grave. Elle peut en mourir, et ce sera ta faute ! »

Luis me rassure :

« Ne t'inquiète pas, ça va sûrement s'arranger. Va voir ta mère, je te tiens au courant de toute façon. Dès que j'ai la date du départ, je te rejoins à Paris, on descend à Antibes et on part ensemble. »

Par précaution, je ne lui donne pas l'adresse de ma mère. Je ne veux pas que les parents soient au courant. Je suis amoureuse, j'ai envie de voyage, envie de couleurs, de ciel, d'oiseaux, de liberté totale. Et qui sait, je vais peut-être m'en sortir...

« Voilà une adresse à Paris, tu m'écriras là. Promis ? »

Je rentre en France avec cet espoir dans le cœur, j'arrive chez ma mère.

« Non, ton père t'a raconté n'importe quoi, je vais très bien. Je t'assure que j'ignorais... »

Je trouve ça dégueulasse. Encore un mensonge ! Ma mère n'est ni malade ni au courant.

Je m'engueule avec mon père, et je repars dans la poudre. Dans des situations de ce genre, je replonge encore plus gravement. J'en ai marre d'être mineure, marre des maladresses de mon père pour me récupérer. Marre des mensonges.

J'attends des nouvelles de Luis. Je passe régulièrement à l'adresse que je lui ai donnée, celle d'un éducateur que je connais, du côté de Stalingrad. Rien ne vient. Voyant que le temps passe, j'essaie d'appeler au téléphone, personne ne répond.

C'est fichu, il m'a oubliée. J'ai mal au cœur, parce que cette déception me ramène en bas de la petite montagne d'amour sur laquelle j'espérais grimper. Je ne suis rien, je ne vaux rien ; à part une aventure sans lendemain, on ne s'attache pas à moi. Je fais une croix sur l'histoire d'amour, mais j'ai envie d'avoir des nouvelles de l'ami, s'il veut bien être mon ami. Un ami, c'est précieux aussi. J'hésite, puis je finis par me décider à repartir en Espagne. Encore une fugue.

J'arrive là-bas, je sonne chez lui, personne. C'est le silence.

Je me retrouve à la rue sans rien, à traîner avec un mec gentil, à la recherche de la poudre. Un peu plus tard, je retourne à l'appartement de Luis. Voyant qu'il n'y a toujours pas de lumière, pas de réponse, je glisse un petit mot sous la porte, un contact pour qu'il sache où me joindre.

Et quelqu'un entre dans l'immeuble à ce moment-là.

« Je cherche Luis, vous savez s'il est là ?

– Je ne sais pas, je ne l'ai pas vu. Mais allez voir sa mère, elle habite juste à côté. »

Je vais voir sa mère. Et là, j'apprends qu'il est parti en mer comme il l'avait dit, depuis le port d'Antibes, avec un couple d'amis et une certaine Hélène dont il est éperdument amoureux. Et il a disparu en mer il y a quatre ou cinq jours.

C'était le début de l'automne. Une mauvaise tempête, il est mort, quelque part dans la Méditerranée. Le bateau s'est retourné. Son ami est resté sur la coque et il a survécu, mais sa femme et Luis, qui ont sauté dans le canot de survie, ont disparu avec.

Luis, c'était le baume au cœur, la tendresse, le respect. On faisait l'amour joyeusement, on en avait envie tout le temps, ou pas du tout, on pouffait de rire sous la couette. Quelques miettes de bonheur, et il est mort.

Je n'avais pas pleuré de ne pas avoir de nouvelles, j'avais développé une sorte de fatalisme d'abandon, un automatisme : « Il est parti sans moi, il m'a oubliée, je ne vaux rien. » Il en serait revenu un jour et on aurait pu recommencer. Mais il est mort. Je pleure sa mort, moi qui ne pleure jamais.

À ce moment-là, j'ignore l'essentiel de mon histoire d'amour ratée. Je ne l'apprendrai que longtemps plus tard, vers mes dix-neuf ans, alors que ma bataille dans l'enfer est presque terminée. J'ai rencontré cet éducateur dont j'avais donné l'adresse à Luis.

« Hélène, il faut que je te dise une chose. Un jour, j'ai reçu une lettre venant d'Espagne. Dessus, il y avait un bateau, et il était inscrit « Toi et moi » sur ce bateau. J'ai flippé, je me suis dit que tu allais encore partir en vrille, faire un deal au Maroc ou ailleurs. J'ai eu peur et je l'ai donnée à Paquita. »

Dans cette lettre, il me donnait rendez-vous à Paris chez ses amis, et il est venu me chercher à cet endroit. Comme ces gens-là ne m'avaient pas vue, et qu'il n'avait pas d'autre adresse, il est parti sans moi. Je n'ai même pas cette lettre, cette précieuse enveloppe avec son bateau « Toi et moi ». Paquita l'a jetée. Pour la même raison, peur que je ne parte en vrille.

Les histoires d'amour finissent toujours mal.

Les rues de Madrid en automne, l'errance avec mon copain espagnol, les squats. On shoote avec tout ce qu'on veut. Luis est mort, c'est tout ce que je sais. La vrille n'en finit pas.

Nous quittons Madrid pour Barcelone – on a fait une arnaque dont je ne me souviens plus, et on a intérêt à disparaître. Il nous reste des miettes de pesetas, de quoi payer une chambre dans une pension minable des bas quartiers. On fait du stop.

C'est moi qui tente les chauffeurs de camion sur le bas-côté : c'est toujours mieux quand c'est la fille qui lève le pouce. Et le type n'est pas très content de voir surgir le copain. Mais là, comme le copain en question, qui se faufile derrière moi, n'est pas très baraqué, ça n'a pas l'air de le déranger.

Le camionneur a l'air assez sympa, pas très malin, mais on s'en fiche ; tout ce qu'on attend de lui, c'est qu'il nous emmène à destination. Nous arrivons à l'entrée de Barcelone, en pleine nuit. Le chauffeur bifurque alors vers une zone industrielle. J'imagine qu'il a quelque chose à faire, un déchargement, des papiers à remplir. Mais il s'arrête en plein milieu des champs, dans cette zone industrielle déserte.

« Maintenant, tout le monde descend. Tu vas payer, allez, ouste, et toi tu te désapes !

– Ça va pas ? Qu'est-ce qui te prend ? »

Mon pote s'insurge :

« Il n'en est pas question. »

Et il se fait casser la gueule aussi sec. Méchamment. Sans plus se préoccuper, l'autre insiste :

« Vas-y maintenant, allez, défroque-toi que je te baise. Et d'abord, tu me tailles une pipe... »

Je ne vois pas comment m'en sortir, je ne peux pas compter sur mon copain, il se ferait massacrer définitivement et il est déjà mal en point. Et l'autre est vraiment motivé.

Alors, je fais semblant d'entrer dans son jeu.

« Ouais, après tout, t'as raison, je te dois bien ça, tu nous as emmenés jusque-là. »

Je rentre dans son jeu pour mieux en sortir. J'ai un couteau, je l'ai toujours avec moi. Ce n'est pas forcément une arme, mais, en galère, ça sert à tout. Le problème, c'est de le sortir de ma poche avant qu'il le voie.

« C'est bon, on y va. Attends, on s'installe un peu au chaud, ça caille dehors. Viens, on va à l'arrière dans ton camion... »

Et je lui plante le couteau sous la gorge. Juste pour qu'il commence à saigner.

« Tu bouges plus ou je t'égorge ! »

Il a l'intelligence de ne pas bouger. Je crie à mon pote, effondré à terre :

« Relève-toi, vas-y ! Fonce ! »

On est dans le désert de la nuit. Se barrer sans l'avoir égorgé, c'est un risque. Nous n'avons pas d'autre solution que de courir à travers la zone industrielle, et il peut nous rattraper avec son camion en deux minutes. Mais il a une peur monumentale, mon couteau planté dans le creux de sa gorge. Il supplie, voyant bien que j'ai la rage, que, s'il fait le plus petit mouvement, je l'égorge. Je l'ai vue, cette peur, dans ses yeux, et j'ai bien vu aussi que, tout excité qu'il était, ce triste mâle n'avait plus envie de rien, sauf d'en sortir vivant.

Heureusement pour lui, et pour nous. Je le lâche brutalement, on file comme des chiens enragés dans la nuit, et il ne bouge pas.

On cavale à perdre haleine, tournant le dos à la zone industrielle, et on se planque dans un fossé au bord de la route. Il n'y a rien à l'horizon, aucune maison, pas le moindre talus, c'est la plaine, la nuit, et il fait un froid de chien dans ce fossé. C'est le début de l'hiver, le vent est glacial et nous n'avons pas de vêtements en conséquence. En galère, on ne trimballe que deux fringues avec lesquelles on tourne en permanence, celle qu'on lave dès qu'on peut et celle qu'on porte. Quand on a de la poudre, on n'a jamais froid. En revanche, sans poudre, on gèle jusqu'aux os, même en pleine chaleur. Dans ce fossé humide, on ne sent plus nos pieds, nos mains, on ne sent que l'air froid qui glace la gorge dès qu'on respire, alors on évite de respirer trop souvent. Et on attend que le camion s'en aille. Pas question de sortir de là avant qu'il repasse sur la route et disparaisse à l'horizon.

J'entends le chuchotement grelottant de mon copain, serré contre moi :

« Putain, fait froid, c'est glacial, on n'est pas passés loin ! Qu'est-ce qu'il fout, ce con ? Il redémarre pas ! S'il passe la nuit là, qu'est-ce qu'on fait ? On attend le jour ? Et si on se tirait maintenant ?

– On prend pas le risque...

– Ouais, mais on va nous retrouver morts de froid. »

On n'a pas de montre. Il n'y a pas de repère de temps. Dans la poudre, on vit le moment, des petits événements dont on ne se rappelle même plus l'enchaînement logique, s'il y a une autre logique que celle du shoot avec ses montées et ses redescentes.

Au bout d'une demi-heure, trois quarts d'heure peut-être, on entend enfin le moteur démarrer. Le type a dû avoir du mal à se remettre de sa trouille. Il passe sur la route, et on ressort enfin de ce trou à rat gelé.

Et on repart dans la nuit, morts de faim et de froid, pour finir par grimper dans un autre camion qui nous dépose à Barcelone. On se pose dans une pension taudis. Mon pote junkie, dont je ne me souviens même pas du prénom, n'est pas en état d'aller plumer qui que ce soit. Moi non plus. Il nous faut un shoot d'urgence. Il me reste une ou deux breloques autour du cou, ou au poignet, je les lui donne pour qu'il aille les vendre et rapporte de la poudre. Il part et j'attends jusqu'au soir. Je ne pense pas qu'il m'ait arnaquée. Au pire, peut-être qu'il n'a pu récupérer que de quoi prendre une seule dose, et qu'il cherche un plan. Ou il a disparu dans un mauvais plan, ou il s'est fait embarquer... Je m'inquiète pour lui.

Le soir venu, il n'est toujours pas là. Je n'ai pas d'argent pour manger, pas de poudre. La piaule, dans ce genre de bouge, est payée d'avance. Mais s'il ne revient pas, demain, il va falloir que je paie une journée de plus.

Et le lendemain, il ne réapparaît pas.

Le propriétaire vient réclamer le prix de la piaule.

« Mon copain vient de partir, c'est lui qui a le portefeuille, mais il sera là tout à l'heure...

– Je veux pas le savoir, si à deux heures il n'est pas là pour payer, tu dégages. »

Et à deux heures, je me retrouve dehors, avec le sac qu'on trimballe en commun, quelques fringues, une paire de chaussures. Il a vraiment disparu. Il n'aurait pas laissé le peu qu'il a dans ce sac. Il aurait trouvé le moyen de s'introduire dans la chambre et de récupérer ses affaires. Je laisse un message à la pension au cas où il referait surface. Le point de ralliement sera la consigne de la gare de Barcelone. Je vais y déposer le sac. Non seulement il est trop lourd, mais je n'ai pas envie de me faire braquer. Quelqu'un qui circule avec un sac est repéré comme zonard, une proie facile, et, quand on cherche un plan, il vaut mieux ne pas avoir l'air d'un zonard; et pour courir en cas de danger, il faut être léger.

La consigne se paie au moment du retrait, en fonction du temps. C'est une consigne à l'espagnole, un peu archaïque : pas de casiers, mais un comptoir et un employé. Il accroche une étiquette, le met sur une étagère, et je repars plus légère, le ticket de consigne au fond d'une poche. Je me mets à la recherche de mon pote, il est peut-être quelque part dans les zones piétonnes, des endroits où on trouve de la poudre, du shit. Je fais des kilomètres.

En fin de journée, désespérée de ne pas l'avoir trouvé, je finis par m'asseoir sur un banc.

Je n'ai pas de quoi reprendre le sac et mes fringues pour passer la nuit. Comment faire ? Pas d'outil pour plumer une porte... Je cherche s'il n'y a pas un sac à main à taxer. Rien. Je suis là, écroulée sur mon banc, la nuit arrive, je n'ai pas bouffé, pas une tune, pas de fringue, pas de solution. Et je vois sur le banc d'en face deux types qui se roulent un pétard. Ils viennent gentiment vers moi. Ils me passent le pétard, je fume, c'est bon.

Dans le monde du pétard, même si on ne se connaît pas, qu'on ne se reverra jamais, on fait partie de la famille des fumeurs, donc on fait tourner. On fume le pétard ensemble, on discute, des mecs plutôt sympas, l'air sain. Mais je me méfie quand même. Ils vont faire la fête chez une copine et m'emmènent avec eux. Finalement, je passe une soirée sympa, gentille. Il y a un peu de tout qui tourne côté dope, mais rien à voir avec ce que je connais. Et je n'affiche pas mon appartenance au monde effrayant de la poudre. Je ne passe pas la nuit dans la rue, c'est une bonne chose. Le lendemain matin, je vais à la consigne pour tenter, sans argent, de récupérer mon sac.

« Si tu paies pas, tu ne peux pas récupérer ton sac. Où est ton ticket ?

– J'ai plus de ticket, je l'ai paumé.

– En plus, je n'ai aucune preuve que ce sac t'appartient !

– C'est pas compliqué, mon passeport est dedans, tu verras bien que c'est moi et je te laisse mon passeport en garantie, ou je te donne des fringues pour payer la consigne.

– Non, la seule solution, si tu veux récupérer ton sac, c'est qu'on aille baiser là-bas, derrière. »

Encore... Et toujours le même deal. Tu veux ça ? Tu baises.

« Désolée, ça le fait pas, pour un malheureux sac de merde, dans lequel y a rien, tu vas pas me baiser, ça vaut pas le prix.

– N'empêche que c'est comme ça, si tu veux ton sac, je te baise et après je te le donne. »

Un vieux gros porc, laid, moche... Je dis non et non. Il essaie de m'embarquer derrière son comptoir. Je me débats comme une furie. Et je me barre.

Pas de papiers, pas de fringues, pas de tunes, comment je peux m'en sortir avec ce sale mec ? Et passe un homme, propre sur lui, visiblement dans la vie active. L'Espagnol souriant, convivial, sans complexe.

« *Hola, qué tal ?*

– Pire qu'aujourd'hui, c'est pas possible. »

Il s'arrête. Je lui dis que je suis française, j'explique le coup de la consigne, prétends qu'on m'a volé mon portefeuille, et que l'autre ne veut rien comprendre, qu'il a essayé de...

« On va y aller ensemble. »

Il donne de l'argent au gros porc, en le menaçant d'appeler la Guardia Civil, et je récupère mon sac. Je remercie ce type, mon sauveur. Il me propose d'aller boire un café dans le hall de son hôtel.

Un bel hôtel. Il y fait bon, on m'apporte un café, des *churros*. J'ai faim, évidemment. Il me demande s'il peut m'être utile à quelque chose.

« Non, merci, je vais prendre un train et repartir vers la France. »

Dans ces cas-là, il ne faut pas montrer sa détresse, on n'en est que plus vulnérable.

Il regarde les horaires de train.

« Tu as du temps devant toi, il n'y a rien qui te ferait plaisir ? »

Et je dis bêtement que j'aimerais prendre une douche et me changer.

Je suis habillée très légèrement : un blouson d'été, un jean et des baskets, un tee-shirt. L'autre est fringué pour la saison, chemise, pull, veste et manteau.

« S'il n'y a qu'une douche pour faire ton bonheur, je t'en prie, voilà la clé de ma chambre, va prendre ta douche. J'ai des choses à régler pendant ce temps. J'ai un rendez-vous qui doit arriver ici dans cinq minutes, vas-y tranquillement, tu me rejoindras après. »

Pas de risque, il a un rendez-vous. Je respire, enfin un peu de relaxe dans ce monde de brutes. Je me déshabille et je fais couler un bain. Je me sens bien dans cette salle de bains. Je commence à chanter : *No Woman, No Cry*, de Bob Marley.

J'entends la porte de la chambre s'ouvrir. Et la voix du type :

« Ça va, t'as besoin de quelque chose ? »

Heureusement, la porte de la salle de bains est fermée, mais je n'ai pas tiré le verrou. Je me dépêche de prendre une douche, tant pis pour le bain.

J'ai déposé mon sac et mes vêtements dans la chambre. Je sors enveloppée dans une serviette pour me rhabiller, et je vois l'autre en train de se déshabiller.

« Je vais prendre une douche, tu m'attends là ? »

Il avait soi-disant rendez-vous, et il se pointe en cinq minutes !

« D'accord. »

D'un coup d'œil, je vois qu'il a laissé son portefeuille. Je taxe une partie des billets, je les planque, et je me dépêche de me rhabiller. Je n'ai pas le temps de finir qu'il ressort déjà à poil.

« Allez, viens, on s'allonge un peu, ça te ferait du bien une petite sieste. »

J'essaie de me rhabiller, rien à faire.

« Viens, t'as le temps avant ton train... Viens me faire un câlin... »

Ce n'est pas l'agression comme j'ai pu en connaître, il ne me saute pas dessus, il négocie.

« Il faut que j'y aille, je dois partir. »

Il se rapproche, m'empêche de fermer mon jean. Je le repousse, j'attrape mon tee-shirt, il me l'arrache des mains.

Alors, c'est la baston. La vraie. De la violence de sa part comme de la mienne. On se bat au corps à corps. Et dans ce genre de bagarre, un homme ne s'attend pas à la violence d'une fille. Je ne supporte pas l'agression sexuelle. Je couche avec qui je veux, si je veux. Sans compter que, ces derniers jours, j'ai eu ma dose, je ne supporte plus le désir de l'autre. Et la rage, le manque de dope, l'humiliation d'être considérée comme une pute me transforment en furie.

Finalement, je réussis à avoir le dessus, je le balance de toutes mes forces et il va s'assommer sur le coin de la table de nuit.

À partir de là, tout va très vite, je sors de la chambre en courant, à moitié nue, les seins à l'air, en essayant d'enfiler mon blouson, et de fermer mon jean tout en appuyant sur le bouton de l'ascenseur. Il est assommé, mais je ne sais pas pour combien de temps. Il peut surgir dans quelques secondes, ou pas du tout. Je suis au septième ou huitième étage, l'ascenseur arrive enfin. La porte s'ouvre au moment où il surgit dans le couloir, toujours à poil. Il a l'instant d'hésitation qui me permet de m'engouffrer dans l'ascenseur, et la porte se referme avant qu'il ait eu le temps de m'attraper. Bizarrement, je ne réalise pas que, s'il veut me courir après, il faut qu'il s'habille d'abord. J'ai la trouille qu'il descende par l'escalier et me coince dans le hall de l'hôtel. Arrivée en bas, je reprends mes esprits. Le bon réflexe n'est pas de courir droit devant soi, au risque d'attirer l'attention. Il faut traverser le hall tranquillement, sortir tranquillement. Je sais que je n'ai pas beaucoup de temps. Il peut enfiler un vêtement et surgir en deux ou trois minutes. J'ai intérêt à me cacher au plus près, pour surveiller sa sortie.

Au lieu de filer en courant sur l'esplanade devant l'hôtel, ce qu'il va forcément faire en espérant m'avoir, je vais me planquer dans un renfoncement de mur à quelques mètres de l'entrée. Et je le vois sortir effectivement, et courir sur l'esplanade en me cherchant.

J'attends qu'il disparaisse pour disparaître de mon côté.

J'ai suffisamment taxé pour payer un billet de train. Mais le prochain ne part que le lendemain très tôt. Alors je retourne chez les copains de la veille pour y passer la soirée, avec l'intention de ne pas dormir, pour ne pas rater le départ.

Au petit matin, je quitte tout le monde endormi, en laissant un petit mot de remerciement. Quand le train a passé la frontière, je me détends ; s'il m'arrive quelque chose, je peux au moins appeler les flics ! Le train va jusqu'à Nice, ma destination. Je n'ai plus d'argent, donc pas de billet, mais ce n'est plus grave.

Une fois sur place, sans encombre, je cherche dans les squats que je connais en espérant retrouver quelqu'un, des potes. Je ne trouve personne. Je fais la manche pour téléphoner à la mère de Vince. Elle me répond sèchement qu'elle ne sait pas où est son fils.

Je rappelle à la nuit tombée. Vince n'est pas rentré, elle ne sait toujours pas où il est ni ce qu'il fait. Elle sait qu'on shoote ensemble, elle n'a pas tellement envie de me voir rappliquer dans son secteur.

« Tu sais où tu vas dormir ?

– Non. »

Elle vient quand même me chercher, réticente, pas chaleureuse, mais elle me prend pour la nuit. À Nice, il n'y a rien à part les squats pourris. Dormir à la gare, c'est un appel aux flics quand on est fugueuse. Et le réflexe du flic, c'est : « Fais voir tes bras... D'accord, on te garde... »

Le lendemain, devant un bol de lait chaud, c'est l'interrogatoire.

« Tu as de l'argent ?

– Non.

– Tu sais où aller ?

– Non.

– Hélène, tu es mineure, je ne peux pas te garder ici sans l'accord de tes parents. Quant à Vince, je ne sais pas quand il reviendra. Tu veux rentrer chez toi ?

– Non. Mais il faut que je trouve une solution.

– Alors, il faut que je prévienne ta mère. »

« Elle est là, elle ne veut pas remonter à Paris. Je veux bien la garder un peu, le temps qu'elle récupère, mais il faut lui trouver une occupation. J'ai une amie qui cherche une jeune fille au pair et pourrait l'héberger. »

Dans sa désillusion, sa misère, le fait qu'elle ne croit plus possible de sortir son fils de la poudre, elle trouve encore la force de m'aider. Elle a compris que je suis au bout du rouleau. Pour être accueillie par cette famille, une seule condition : plus de poudre. Alors, la mère de Vince m'aide à me sevrer en m'hébergeant les premiers jours, les plus durs.

Ça me convient. Vince n'est plus mon petit copain, mais nous demeurons liés par l'amitié des galères vécues ensemble. La rupture a été très dure pour lui, sa mère le sait, et elle me conduit malgré tout chez le médecin qui s'est occupé de son fils, et qui me donne des médicaments de soutien. Dans mon souvenir, elle me garde au chaud trois ou quatre jours, en expliquant à mes parents qu'il est inutile et dangereux de me renvoyer à Paris, car je n'aurai qu'une idée en tête, repartir.

Et me voilà engagée comme jeune fille au pair.

Atterrir dans une famille normalement constituée, avec la responsabilité d'une enfant, c'est difficile et dur à tenir. J'observe la maman. Je m'efforce de bien enregistrer ce qu'elle dit. Je n'ai aucun sens de l'organisation domestique – on met la table, on débarrasse la table, on fait la vaisselle... L'enfant a cinq ou six ans, je vais la chercher à l'école. Je l'emmène une fois, deux fois, trois fois jouer au jardin. Je ne me sens pas à ma place dans ce square plein de mamans et d'enfants conformes à la normalité. Je suis hors sujet.

À Paris, j'aimais beaucoup me balader dans les cimetières. J'allais souvent traîner au Père-Lachaise, que je trouvais magnifique. À côté de Nice est situé le cimetière de Cimiez, un endroit splendide perché sur un rocher, avec une vue sur toute la baie de Nice, des jardins à la française, des orangers, de belles sculptures. C'est calme, l'air y est pur, la lumière somptueuse, c'est la paix de la mort et des bouquets de fleurs magnifiques sur les tombes. Je décide d'emmener cette petite fille avec moi, c'est plus joli que le jardin public. Elle aussi trouve ça joli. Les enfants ont un bon sens qui n'associe pas la mort à cette beauté. Je lui montre les orangers, les fleurs que les gens ont déposées. Elle n'a jamais vu un cimetière. Elle me pose des questions du genre :

« Il y a des gens en dessous ?

– Oui, y a des gens en dessous, mais, tu sais, on ne meurt pas, on reste en vie dans le cœur des gens qui nous ont aimés. Le corps est là, on ne le voit plus, mais il va être utile à nourrir la terre qui va donner les belles fleurs d'oranger. Il y a plein d'amour, ici. Regarde, les gens écrivent des choses gentilles pour ceux qui sont là, pour dire qu'ils les aiment ! »

La mort a une logique, c'est un phénomène naturel où personne ne disparaît, simplement on ne voit plus son corps physique qui sert à nourrir les plantes, mais l'amour reste. L'enfant considère que c'est tout à fait normal.

Il y a des fleurs comme on n'en voit nulle part ailleurs. La petite fille me dit :

« Oh, les jolies fleurs, je voudrais bien en faire un bouquet pour maman.

– D'accord, on va faire un bouquet pour maman. De toute façon, il est mort. Et ce serait mieux que ce soit utile aux vivants. »

On fait un magnifique bouquet, on est fières, contentes de nous, et on rentre les bras chargés de chrysanthèmes et de lys...

« Où avez-vous ramassé ça ? »

Et la petite fille répète candidement, comme une chose normale :

« Au cimetière. Ça sert à rien aux morts, au moins, la vie continue. »

La mère prend ça très mal. Pour elle, j'ai « pillé une tombe » ! Quel exemple pour la petite !

J'ai totalement le respect des morts, mais, dans l'état d'esprit où j'étais avec cette enfant, je pensais lui raconter la mort sans qu'elle en ait peur, lui faire partager la sérénité et la beauté de l'endroit. Je comprends aussi la mère qui se dit de son côté : « D'où sort cette macabre jeune fille au pair, qui va piller les morts pour faire des bouquets avec ma fille ? »

Résultat : interdiction de retourner là-haut, sur la colline...

J'ai beau promettre de ne plus toucher aux fleurs, interdit !

Ce jardin public bourré de mères et d'enfants me donne le bourdon. Juste avant de commencer à travailler chez ces gens, la mère de Vince m'a fait faire une prise de sang, pour surveiller la maladie que je traîne. J'ai dit que j'avais mal au cœur. Mon état est stationnaire, mais j'ai toujours mal au cœur.

Elle me demande alors si j'ai eu mes règles. Le dernier souvenir est en Espagne, mais lointain. Il est possible que je sois enceinte.

Je retourne voir le médecin, en flippant dans la salle d'attente. J'essaie de penser à autre chose en feuilletant le journal, et je vois une petite annonce :

« Donne boxer, croisé labrador, deux mois, bonne santé. »

J'ai envie d'un chien. J'ai adoré le chien de mon enfance, et puis c'est une protection un chien, peut-être que je n'aurai plus à me balader avec un couteau sur moi. Oui mais, si je suis enceinte, je ne vais pas pouvoir le garder...

« Non seulement vous êtes enceinte, mais vous l'êtes de quatre mois. »

Je sors de là et je vais chercher le chien. Et je retourne travailler avec mon chien. La dame n'est pas contente.

« Ça commence à bien faire. Le chien, c'est non, tu dois t'en débarrasser. Et il va falloir que je constate une nette amélioration rapidement pour qu'on te garde comme fille au pair. »

La petite fille ne veut pas que je m'en aille. Je ne dis pas que je suis enceinte, bien sûr.

« Si je ne peux pas garder mon chien, je pars avec ! »

Il y a presque un mois que je ne me suis pas shootée. Cet enfant de Luis a été conçu dans la poudre. En admettant qu'il arrive à terme, il naîtra déjà en manque, avec une possibilité de malformation.

Alors je suis partie, avec mon chien, demander secours à Sylvie. Il me faut un avortement thérapeutique, et ce sera la nuit de Noël. Ma mère était contente de me voir de retour, elle a bien essayé de me dire d'être raisonnable :

« Qu'est-ce que c'est que ce chien, on en a déjà un et il se fait vieux...

– Je m'en occupe, je ne vais pas te le laisser, au contraire. Il repart avec moi, mais d'abord je dois avorter. »

Je suis en mauvais état physiquement. Pas si maigre, parce que j'ai bien mangé à Nice pendant un mois, dormi dans des draps propres, et pas pris un shoot. Mais, enceinte, je suis livide et blanche. S'il n'y avait pas eu cette lésion hépatique grave et surtout si j'avais eu la certitude d'avoir conçu ce bébé hors de la poudre, je l'aurais certainement gardé, même sans père.

Au retour de cet avortement de Noël, à deux mois de mes dix-huit ans, j'ai pris conscience que cette poudre était plus forte que moi. Que je ne pouvais pas la maîtriser, qu'elle ne m'apportait que de la souffrance. Alors, j'ai commencé à me dire : « J'en ai marre. »

Il me reste mon chien, Olive. Il faut bien lui donner à manger. Je ne cherche pas du ravitaillement pour moi-même, mais pour mon chien. Je vis à nouveau chez ma mère, dans la chambre de bonne sur le palier. Parfois chez Sab aussi. Une nuit à droite, une nuit à gauche, mais je rentre, on sait où je suis. J'en ai marre des dangers, de la galère. J'ai failli céder au manque et j'ai évité de peu la prostitution, et si je continue, un jour ou l'autre je tomberai dedans. À Nice, si la mère de Vince ne m'avait pas hébergée, je me serais prostituée pour pouvoir dormir au chaud, tellement j'avais faim, froid, et parce qu'il n'y avait plus de solution. Quand elle m'a récupérée, c'était le dernier coup de chance. J'avais baissé les bras. Vu le nombre de fois en si peu de temps où le risque de viol m'avait serrée de près, je me disais avec fatalisme : « Un de ces jours, je vais y passer. Tant qu'à faire, autant que ce soit pour de l'argent... »

Mais quelque chose en moi rejetait cette démission ultime. À croire qu'il me restait quelque part, bien caché, un tout petit bout d'estime de moi...

9.

Je suis de plus en plus malade, je vais d'hospitalisation en hospitalisation. Là, je suis un moment au repos et, dès que je ressors de l'hôpital, je replonge. Les médecins me répètent que, si je continue, je vais faire un coma et que je n'en reviendrai pas. Je suis en train de mourir du foie et je m'accroche quand même à la poudre. À une sortie d'hôpital, on m'a dit : « Attention, ce n'est plus la drogue elle-même qui va vous tuer à petit feu, c'est l'embolie. » Car mon sang s'était épaissi au point d'être presque coagulé.

Je le sais bien. Je ne parviens même plus à shooter normalement, je passe des petites seringues d'insuline aux grosses, de vrais pieux qui font d'énormes trous. Et je n'y arrive plus. J'ai beau me piquer dans tous les sens, ça passe mal, ou pas du tout, et ça fait mal quand on shoote pour rien.

Je me revois, planquée derrière une cage d'escalier, en train d'essayer de shooter, avec tous ces gens qui passent, montent et descendent au-dessus de moi. Je m'acharne, j'ai déjà massacré le bras gauche, et attaqué le bras droit, avec maladresse. Même le dessus des pieds, un endroit particulièrement douloureux. Je pique partout où je trouve une veine, les cicatrices côtoient les plaies nouvelles. Je rate la plupart du temps. Quand je réussis, c'est à raison de dix à quinze shoots par jour au même endroit. Je n'ai plus de surface à piquer. Je souffre de manque et je me torture à essayer de shooter. Je ne sais plus quoi faire. J'ai vu Sylvie un certain nombre de fois, elle sait que je suis non seulement accro, mais tombée dans la délinquance. Je lui ai expliqué que je plumais des portes, toute seule, que je faisais des sacs. Et un jour, à bout de forces, j'arrive dans son bureau :

« Il faut faire quelque chose, il faut que j'arrête. Fais-moi hospitaliser.

– Oui, mais tu es mineure, donc, pour te faire admettre à l'hôpital, il me faut une raison médicale et l'autorisation parentale.

– Tu n'as qu'à raconter que c'est encore à cause de ma maladie et qu'il faut m'hospitaliser, me mettre en maison de repos parce que je suis dépressive, mais il est hors de question que tu leur dises le pourquoi du comment. Si tu dis un mot de la poudre aux parents, je sors, je trouve le moyen de me faire un shoot, mais cette fois j'y mettrai d'un coup la dose de la journée. Comme ça, on n'en parle plus et j'arrête de me battre inutilement. Je n'en peux plus. »

Mes parents sont convoqués à un rendez-vous chez Sylvie, pour parler devant moi de mon état de santé. Je shoote deux heures avant le rendez-vous, et j'arrive complètement fracassée.

Je m'assois sur une chaise, les mâchoires serrées, la tête en casque, dans l'espoir que le problème va se résoudre rapidement. Je n'ai rien à dire à personne. Je suis sur une planète de souffrance indicible. Pourvu que Sylvie fasse vite, je ne tiendrai pas plus d'un quart d'heure avant qu'elle soit obligée de me bourrer de tranquillisants sans que les parents le sachent. Elle m'a promis de le faire dans son cabinet, derrière son bureau. Ça ne calme pas vraiment la douleur, ça l'engourdit.

Mon père ne comprend rien :

« Mais pourquoi l'hospitaliser ? Qu'est-ce qui se passe ? »

Et au lieu de durer une demi-heure, en étant simplement efficace et qu'on m'envoie directement à l'hôpital, cette séance dure une heure et demie. Je n'ai pas shooté depuis plus de trois heures. Jusque-là j'étais stoïque, figée sur ma chaise, mais je commence à me recroqueviller, les muscles tétanisés, une douleur dans les reins, le ventre contracté, les jambes paralysées. J'ai l'impression qu'on m'écorche les muscles à vif, comme si je n'avais plus de peau. C'est le manque. Je ne peux même plus respirer.

Et pendant ce temps, mon père philosophe sur les problèmes...

« Mais elle va être malade jusqu'à quand, comme ça ? Pourquoi, d'abord ? »

Sylvie ne peut pas lui dire la vérité, et elle voit bien que je la surveille du coin de l'œil. Au fur et à mesure que la douleur monte, je ne la lâche pas du regard, alors que je me recroqueville. Si mon père voulait comprendre, ce serait plus simple. Si ma mère acceptait d'ouvrir les yeux devant mes échappées libres, ma volonté de quitter la famille à tout prix, ce serait plus simple.

Au lieu de cela, depuis le début, je me tue à les protéger, à ne rien leur dire en face. Et tout le monde vit dans le mensonge. Comme toujours.

Je ne vais plus à l'école. Qu'est-ce que je vais devenir ? C'est l'obsession paternelle. Ma mère est un peu plus consciente du danger que je cours, mais elle hésite à se lancer sur ce terrain. Elle hésite toujours, protège, subit, se soumet !

Au bout d'une heure et demie, je suis cassée, mes os sont comme du verre. Je connais bien cette montée du manque, la sensation que tout va exploser à l'intérieur de moi, et que mes os vont partir en poussière. Et ils n'ont toujours pas dit oui pour l'hospitalisation.

J'adresse un signe à Sylvie, elle comprend, mais elle est bien obligée de répondre à leurs questions, sans rompre le seul pont qui me reste avec le monde des vivants. Ils sont assis à côté de moi et s'adressent exclusivement à elle. Si j'étais dans leur champ de vision, ils comprendraient que je suis mal. C'est visible.

Je lève le pouce, signal d'urgence. Sylvie se met debout :

« Excusez-moi une seconde... »

Ils ne comprennent pas pourquoi je me lève en même temps qu'elle.

« Qu'est-ce qu'elle a ? Qu'est-ce que tu as ?

– Je reviens, je reviens. »

À peine hors de leur vue, je m'effondre contre le mur.

« Je ne peux plus tenir, donne-moi quelque chose, shoote-moi... Cinq minutes de plus et je hurle de douleur. »

Il y a un petit cabinet médical à côté de son bureau, elle me fait allonger sur une table de soins, recouverte de Skaï et glaciale, alors que j'ai déjà les os congelés. Le manque est une véritable torture physique. Une torture qui commence par les reins, pire qu'un accouchement ou des coliques néphrétiques. Puis le spasme du ventre qui bloque la respiration et, pour finir, comme un feu d'artifice, le squelette en cristal qui explose. La première piqûre de calmant rend la douleur cotonneuse. La deuxième m'anéantit enfin. Je reste là, recroquevillée comme un chien qui vient de se faire écraser par une voiture. Assommée sur cette table en Skaï. Et elle repart s'occuper de mes parents. Ma mère m'a raconté plus tard que Sylvie était en colère, qu'elle les a « engueulés » poliment, en leur disant que c'était une honte de n'avoir rien vu. Comment pouvaient-ils ne pas comprendre ce qui se passait ? Comment pouvaient-ils encore demander : « Mais qu'est-ce qu'elle a ? »

Ils ont tout pris dans la gueule d'un seul coup.

Je me suis retrouvée dans une clinique psychiatrique, en banlieue parisienne, Sylvie ne voulant pas que je me retrouve avec des toxicos, de peur de la contagion. Mon père, ma mère, ma sœur sont venus me voir.

Mon père, atterré, pleurait :

« Pourquoi ça m'arrive ? Qu'est-ce que j'ai fait au bon Dieu pour que ça m'arrive ?...

– D'accord, O.K., mais moi je suis là pour m'en sortir, j'ai besoin de ta force. »

Autrement dit, pas besoin de cet apitoiement sur toi-même ! Si seulement tu me demandais comment m'aider.

Je partage ma chambre avec une vraie folle. On m'a shootée avec un nouveau médicament, du style méthadone, laquelle est encore interdite en France. Le traitement doit durer quinze jours. On m'accroche à ce médicament pour me permettre de supporter le manque, et on m'en décrochera plus tard. Je supporte assez bien. Les douleurs sont momentanées, mais elles passent.

En revanche, ma compagne de chambre est difficile à vivre. Elle a des réactions incontrôlées et violentes. Mais je parviens à entrer un peu dans son monde, à lui parler. Les médecins pensent que la cohabitation donne des résultats positifs. Mais ça ne dure pas longtemps. Au bout de quelques jours, en tout cas moins d'une semaine, elle me saute dessus en pleine nuit avec une fourchette à la main. Elle hurle qu'elle va me crever les yeux ! Je n'ai rien vu venir, je dormais. Je ne comprends pas ce qui se passe, ni ce qui a déclenché sa fureur. Elle frappe, me loupe, et la fourchette se plante dans l'oreiller. Je ne voudrais pas lui taper dessus, mais que faire ? Elle finit par arriver à ses fins ! Elle est sur moi, elle pèse, je la repousse violemment, mais elle continue à larder l'oreiller, alors je la plaque au sol en l'engueulant. Rien à faire, elle s'obstine, même au sol, à agiter sa fourchette, et elle se redresse. Pas de sonnette d'alarme, je n'ai même pas le temps de la chercher, et personne n'entend ce qui se passe. J'ai beau la coincer, la jeter contre le mur, en espérant qu'elle va s'écrouler, assommée, et me donner le temps d'appeler, elle se relève chaque fois avec la même furie. Alors je l'explose comme dans une bagarre de rue, à coups de poing et de pied, et je réussis enfin à l'assommer.

Et là, en reprenant mon souffle, je réalise une chose, c'est que personne n'a rien vu ni rien entendu. Et elle sera incapable de dire qu'elle m'a agressée, et que je n'ai fait que me défendre. Je réagis un peu comme une enfant. Il me suffirait probablement de sortir, d'appeler les infirmiers, de montrer la fourchette, mais j'en ai marre. On m'a mise là à l'abri, dans un lieu où je suis supposée me reconstruire, et je me retrouve dans la violence.

Ma réaction immédiate est de partir en courant. Dès le premier jour, j'ai repéré une faille dans le mur du jardin. Et je me suis dit que si j'avais envie qu'un copain m'apporte un bout de shit, ou de faire le mur, j'avais la solution. Et en même temps, dans le brouillard de souffrance qui envahissait ma cervelle, cette faille dans le mur représentait aussi un danger. Je crois que j'ai demandé à entrer en clinique en raison d'un danger réel, d'une urgence. En regardant ce mur abîmé, j'ai pensé : « Ils sont cons de laisser ça. On peut sortir comme on veut. »

Je passe le mur à toute vitesse, j'entends le bruit d'un train au loin et je cours dans sa direction jusqu'à la gare. J'ignore où je suis, mais il y a une gare ! Le train arrive et je saute dedans. Je me retrouve à Paris tôt le matin, avec rien dans les poches, ni ticket de métro ni fric. Hors de question d'aller chez qui que ce soit. Personne ne sait encore que je suis partie. Je retourne dans mon fief. Je revois Petit Philippe en train de faire le tapin. Il voulait tant que je décroche, il était si content que j'aie décidé de me faire enfermer.

« Hélène !

– J'ai essayé, j'ai pas réussi, je peux pas, je voudrais bien mais je ne peux pas...

– Viens, t'inquiète pas, on va se mettre au chaud dans un café. »

Là, le temps passe un peu, on discute en attendant que le jour se lève. Et je ressens soudain quelque chose de bizarre, une paralysie d'un côté. C'est le produit qu'on me donne plusieurs fois par jour, pour décrocher : je suis en manque ! Impossible de marcher, et ma bouche se tord d'un côté. J'ai oublié qu'il faut passer par une phase de décrochage du médicament, pour ne pas subir ça. Il me faut quelqu'un, et la personne la plus proche du café où je suis, c'est mon père. Je me traîne jusque-là et je m'écroule à plat ventre sur le paillasson, incapable de sonner. Je tape sur la porte pour que quelqu'un ouvre. Il finit par se réveiller, ouvre la porte, et appelle le médecin de la clinique :

« Qu'est-ce qu'on fait ?

– Il faut la ramener tout de suite ! »

Je ne voulais pas retourner là-bas, mais je ne pouvais pas faire autrement puisqu'il fallait me faire décrocher du produit, et que je ne pouvais pas y arriver seule.

On m'a ramenée là-bas, et on a achevé le traitement. Mais la grosse erreur de ce genre de produit, qui évite la souffrance, est qu'il ne supprime pas la gestuelle du shoot. Ce besoin continue d'exister. Parce que l'effet du shoot à la seringue est une bombe. L'action est rapide, on est envahi par une chaleur, une vague de lumière qui submerge.

Je suis dans une chambre seule, cette fois. La furie à la fourchette est restée dans sa chambre, je la revois, calmée, et elle dit qu'elle m'aime beaucoup, mais je refuse qu'elle s'approche de moi. Le traitement dure un mois. Je rencontre régulièrement un psychiatre, je passe mon temps à vider mon sac, et j'ai l'impression que je lui flanque la trouille. Lui doit avoir l'habitude des fous normaux. Pas des toxicos délinquants de la poudre. Les premières questions portent toujours sur le même sujet : « Comment tu fais pour le fric ? »

Il faut bien répondre. Alors que ce genre de question est inconvenant par rapport à la souffrance. Le fric, la débrouille, le vol, voire la prostitution, tout cela fait partie de la défonce, mais ce n'est pas le plus important. L'autre veut me faire prendre conscience du danger de la délinquance, mais c'est un symptôme associé. Il ne va pas résoudre la cause en passant par le symptôme. Parce que le discours du toxico n'est pas celui de la souffrance, mais celui du plaisir, du plaisir à tout prix, même s'il doit en mourir.

Or il est inacceptable pour des gens que l'autre soit dans l'instantané du plaisir et que ce plaisir génère une dépense quotidienne qui dépasse largement le prix du travail, et engloutit en un jour un mois de salaire de base. Le toxico est d'autant plus rejetable qu'il refuse « lâchement » les codes sociaux, et celui qui l'entend est déstabilisé parce que lui a eu le « courage » d'accepter.

Quant aux parents, ils devraient être bien construits et épanouis pour pouvoir dire à leur enfant : « Voilà le chemin, c'est celui-là qu'il faut prendre. » Sinon, l'enfant renvoie au parent le reflet de sa faiblesse, de ses mensonges et de ses contradictions personnelles. L'histoire de mes parents leur appartient. Ce n'est pas à moi de la conter. J'en souffre certainement, mais ils ne le comprendraient pas. Comme ce psy à qui j'ai laissé mon sac, vide, et qui me fait sortir au bout d'un mois.

Je retrouve la solitude, incapable de communication avec les gens normaux. Je ne sais plus manger, utiliser un couteau, une fourchette. Je n'ai plus faim, ni de nourriture ni de vie. En sortant, je suis devenue un animal sauvage, sans aucune activité sociale, scolaire, ou simplement distrayante. J'essaie de ne pas rechuter, mais rien ne vient remplir le trou béant laissé par la poudre. Quelques pétards n'y changent rien. Ma sœur ne va pas très bien non plus, elle a déjà fait deux ou trois cliniques spécialisées dans l'amaigrissement, et elle souffre, elle aussi. On a repris un peu contact, tenté de s'entraîner à faire des choses. Mais tout me semble tellement dérisoire.

Je ne vois plus personne, je n'ai pas d'amis, pas d'intérêt, pas de boulot, je m'enferme, preuve que je n'en suis pas sortie, même si je n'ai pas de manque physique.

Je n'ai pas la volonté de ne pas y retourner, il faut que je m'enferme.

10.

Au lendemain de mes dix-huit ans, je le décide, ce sera le dernier shoot de ma vie.

J'ai demandé – puisque j'ai enfin une signature valide – à être internée à Sainte-Anne, en cure de désintoxication. La veille de ce jour-là, dans ma chambre en face de chez mes parents, je fais le compte de ce qui me reste. On m'a cambriolée cinq fois déjà. Il n'y a plus grand-chose, en poudre comme en objets revendables.

Ce jour-là, mes comptes faits, j'ai de quoi rembourser les dealers, donc me libérer d'eux, et suffisamment pour mon dernier shoot. J'en ai déjà fait huit ou neuf dans la journée. Demain, je décroche volontairement, et je le fais sans l'aide de Sylvie. Si ça rate, je veux être la seule responsable, ne pas la décevoir une fois de plus.

Je suis en pleine préparation du dixième ou onzième shoot lorsque arrivent deux copains. Je les connais bien : un jeune beur de la zone d'à côté et Éric, l'un des caïds de l'école primaire. Ils ont viré à la poudre, comme pas mal de jeunes de ce quartier.

« Demain, j'arrête de shooter, j'ai dix-huit ans.

– Oui, c'est ça, t'arrêtes pas de le dire. Tout le monde dit ça ! En attendant, tu t'en mets plein les veines.

– Oui mais, cette fois, c'est bon, je me fais enfermer volontairement, je rentre demain matin.

– O.K. ! On verra ça demain alors !

– Je veux juste finir ce qui me reste !

– Puisque c'est ça, on te prend ce qu'il te reste de poudre, et d'herbe...

– Mais vous êtes dégueulasses ! Si vous me faites ça, je pourrai pas m'en sortir, je suis en dette ! Je vais me faire bloquer par ça.

– On n'en a rien à foutre. De toute façon, si tu t'en sors, t'en auras plus besoin. »

Je réunis tout ce qui me reste de poudre, encore un dernier shoot et je me sens tomber, la montée a été trop rapide. Je connais cette sensation, à cause de deux overdoses précédentes. Je m'effondre devant la porte de la chambre. Je n'ai même pas eu le temps d'enlever le garrot, la seringue est retombée par terre, et le sang gicle. Je me dis : « Ouf, heureusement que la moquette est rouge, les traces ne se verront pas. » Je me sens mourir, et ça ne me dérange pas. La première chose qui me vient à l'esprit, c'est que personne n'aura besoin de nettoyer la moquette.

J'entends vaguement, dans du coton, la voix d'un des deux copains :

« Vite, on se barre ! Elle est en train de crever, tirons-nous... »

Ils veulent ouvrir la porte pour sortir, mais mon corps inerte les en empêche. Je ne peux plus bouger, l'effet a été si rapide que j'ai dû m'écrouler en dix secondes, alors que, d'habitude, je sais qu'il faut une petite minute avant que le produit ait fait le tour. Je m'entends dire aussitôt :

« C'est comme ça que Jarv est mort. »

Je me sens partir. Je ne suis même plus là. Ce n'est pas comme dans un rêve, mais j'ai l'étrange impression d'être déjà morte et qu'il me reste encore une part de réaction mécanique pour avoir prononcé cette phrase. Je me rends parfaitement compte que je suis en train de crever comme Jarv.

Et j'entends, toujours comme en voix off, les copains s'affoler :

« Merde ! Merde ! Elle est pas morte, attends...

– Non, non, tirons-nous...

– Non, si elle est pas morte, on va se faire serrer. »

Ils se penchent sur moi, pour voir si je respire encore, et je les entends toujours de loin, de plus en plus loin. Ils me parlent, me secouent. Maintenant, je me vois, affalée dans le coin de la pièce, comme si j'étais spectatrice de la scène.

« Et merde, elle est morte, le cœur s'est arrêté ! Elle ne respire plus ! Qu'est-ce qu'on fait ? »

L'un des deux hésite à se tirer, l'autre a peur. Ils me secouent, mais ne réussissent pas à me faire revenir, et plus ça va, plus je pars loin, avec fatalisme.

J'ai conscience d'être morte. Je n'entends plus que cette petite voix intérieure, qui dit : « Je suis morte... Je suis morte... » C'est si doux, je n'ai même pas peur. Si j'avais su, je l'aurais fait plus vite. C'est ça, la mort. Je suis partie, ça y est, j'y suis. C'est bien.

Ils me traînent sous la douche, me collent des baffes. Je ne sens rien.

Je les ai « vus » tirer mon corps jusqu'à la douche, je les ai « vus » dire : « On n'y arrive pas, on n'y arrive pas », je les ai « vus » me gifler. Je ne sens rien, je n'ai que la vision des choses, comme si déjà je n'habitais plus mon corps.

Il n'y a plus d'espace, plus de temps, je peux faire des bonds dans le passé, dans le présent, une espèce de zoom permanent. Et soudain, un bond dans l'avenir arrête cette douceur : je vois ma mère entrer dans la chambre. Elle ne parvient pas à pousser la porte, se cogne contre mon corps à terre, voit mon bras avec le garrot. Elle me découvre sans vie, de l'autre côté du couloir. C'est comme ça que Jarv est mort. Alors, cette petite voix intérieure me dit : « Je ne peux pas lui faire ça. »

À l'instant même, la machine à mourir s'inverse.

Je me réveille un court instant et, alors que je me vois toujours à terre, derrière cette porte, morte, contemplant un spectacle en Cinémascope, je reviens dans mon corps. Je suis effectivement sous la douche, je prends des baffes, des coups, et j'entends : « Ça y est, ça y est, elle respire. »

Je ne suis pas morte comme Jarv. Mes copains ont fait ce qu'il fallait, mais je sais très profondément qu'il y a eu un millième de seconde durant lequel j'ai vu ma mère, et que j'ai décidé de vivre pour qu'elle ne souffre pas. Elle a déjà trop souffert.

Je viens de toucher du doigt une réalité que je n'avais pas imaginée. Je viens de faire enfin exploser toute raison et l'instinct de survie a rejailli. C'est la première fois que je choisis de vivre. Pour une raison qui n'est pas directement la mienne. Dans cet état de mort, j'ai vu ma vie disparaître comme dans un entonnoir, et d'un coup l'entonnoir a explosé. L'explosion a fait surgir la vraie définition de la vie, et fait sauter mon refus de vivre. La mort, j'y suis allée, j'en suis revenue, et je me suis aperçue qu'en réalité il n'y avait pas de carcan dans l'existence. Je m'étais limitée à une fausse définition de la vie, alors que la réalité était tout à fait différente. Ma réalité à moi, c'était de comprendre un jour que la vie est plus forte et que seules mes propres barrières étaient un frein à mes rêves.

J'ai un souvenir d'eau froide à mon réveil. Je ne grelotte pas. Je suis mouillée, mais tout habillée sous la douche. Adossée à la paroi, maintenue par quatre mains enragées à ce que l'eau me tombe directement sur la tête. Je me rappelle tout à fait de l'angle de la douche, où je me suis cognée fort, parce qu'ils traînaient mon corps sans ménagement. Je me serais fait très mal si j'avais senti quelque chose, mais je n'étais plus là. Je me regardais comme quelqu'un d'autre, ma conscience voyait mon corps, et je me disais même que, si j'étais vivante, ce coin de porte m'aurait fait hurler. Il n'y avait plus de souffrance dans ce sac de chair. Ce n'était plus moi, j'étais ailleurs. Et ma conscience a soudain refusé de se détruire. Elle s'est libérée.

Longtemps, j'ai eu peur de parler de ça. Je croyais que personne ne pourrait comprendre, qu'on me prendrait pour une folle. J'étais en partance, loin de mon corps, j'étais contente. Je me disais : « Enfin, je vais revoir Jarv. » Et depuis je n'ai plus peur de la mort. Ni de la vie.

J'ai vécu ce moment comme le passage d'une frontière. Parfois, on passe d'un pays à l'autre, sans y penser, parce que la barrière est symbolique – la poussière d'ici est la même que la poussière de là-bas. Comme en mer, où franchir l'équateur, c'est une symbolique invisible, pourtant on entre dans un autre monde. Ma frontière invisible, c'était un milliardième de millimètre entre le pays de la conscience et celui du réel. À ce moment-là, je n'avais encore aucune foi ; les religions et leurs dogmes culpabilisants me semblaient illogiques et dérisoires face à l'égoïsme humain et sa folie meurtrière. Petite, il m'arrivait de me poser des questions sur l'existence d'un Dieu si injuste qu'il laissait mourir de faim des enfants innocents. Je n'ai toujours pas de réponse mais, ce jour-là, en frôlant la mort, j'ai « attrapé la foi » mais sans adhérer à une religion unique. Comme si un feu sacré venait enfin de s'allumer. L'impensable est devenu réalité et je suis tombée « accro à la vie », je ne serai donc plus jamais l'ombre de moi-même.

Je me réveille le lendemain, à côté de mes pompes, mais sans perdre de vue que je me suis engagée à me faire enfermer dans un hôpital spécialisé. J'ai rendez-vous. Ma conscience, mon corps et moi nous y rendons ensemble, avec les relents de mon dernier shoot.

Le médecin de garde, sadique, se met à me fouiller comme si j'étais un repris de justice.

« Attendez, c'est moi qui me suis fait enfermer, je viens toute seule, je ne suis pas sous astreinte judiciaire.

– Oui, oui, de toute façon on sait ce que c'est, les junkies.

– Attention, je vais être en crise de manque dans les heures qui vont suivre.

– Mais oui, mais oui ! »

Il me colle dans un lit, dans une salle crasseuse où il y en a huit. Le dortoir d'un service fermé à clé. Je m'allonge. Je n'ai rien emporté, j'arrive les mains vides, consciente que je suis là pour en chier. J'ai déjà un peu l'habitude de décrocher et je sais que je ne serai capable de rien, sauf de serrer les dents, et d'attendre que le temps fasse son effet.

J'attends. Je commence à avoir froid, mal aux reins, c'est en train de venir. Je me lève tant que je peux encore marcher. Je réclame quelque chose pour me soulager.

« Oui, oui, on n'a pas que ça à faire, il n'y a pas que vous. Allez vous recoucher, on va s'occuper de vous. »

On me laisse toute la journée, sans rien me donner. Et pendant ce temps, j'entends hurler et gémir d'autres malades, de vraies malades mentales. « Je veux quelqu'un !... Je veux faire pipi, veux faire pipi, veux faire pipi... »

Au début, j'ai pitié d'elles, mais au bout de plusieurs heures à entendre la même litanie, alors que je souffre abominablement, il me prend l'envie de leur claquer la figure pour qu'elles se taisent. Car personne ne vient, ni pour elles ni pour moi. La nuit est un enfer. J'ai connu le manque à de nombreuses reprises, mais une journée plus une nuit entière, jusqu'au lendemain matin, c'est pire que tout. Il est là, l'engrenage du manque, de la souffrance qu'il génère, et de l'angoisse de se procurer, avant même qu'il arrive, de quoi le contrôler.

Dans un lit où j'attendais du secours, alors que j'étais venue de ma propre initiative, on m'a laissée souffrir sans un geste médical ni même un regard, dans un dortoir fermé à clé. C'est une punition ? Parce que je ne suis qu'une junkie qui mérite bien ça ?

Au matin, dès que la porte s'ouvre, je cours voir le médecin de garde.

« Donnez-moi le formulaire à signer, je sors contre avis médical, mais je sors.

– Non, attendez, on vous envoie un médecin.

– J'en ai rien à foutre, je veux mes affaires et je sors maintenant. »

Je sens monter l'agressivité et la colère. Je tiens encore debout, mais là, je vais m'effondrer ou taper sur quelqu'un.

« Vous me sortez maintenant ou je vous défonce les malades, les chaises, les lits, vous, votre sale gueule, l'ordinateur, votre putain de bureau de merde !

– Attendez, on va vous donner un calmant.

– Non, c'est trop tard. Vous ne me donnez plus rien ! C'était hier qu'il fallait faire quelque chose ! Je signe et je sors. »

Le médecin-chef arrive sur ces entrefaites :

« Comment se fait-il qu'on ne se soit pas occupé de vous ? Je ne comprends pas. »

Plus besoin d'explications. Je suis venue ici motivée, soulagée, c'était la fin de l'enfer et je l'avais choisi. Faux plan. Je n'aurais jamais dû m'adresser à un hôpital de santé mentale. Ils n'auraient jamais dû m'enfermer avec les déments.

J'ignore ce que ce médecin a pensé quand je lui ai demandé de me prendre en charge, probablement que ce n'était pas grave, ou alors il a pris cette espèce de désinvolture qui me sert d'orgueil pour de l'arrogance. Je ne me souviens plus de celui qui m'a conseillé cet hôpital, parce que, ne voulant pas décevoir Sylvie, j'étais passée par une autre filière. Mal m'en a pris. Enfermée chez les fous, je ne pouvais même pas la joindre par téléphone pour lui expliquer la situation. J'étais complètement cassée.

« Non, c'est fini, je sors de là, je suis majeure ! C'est ma vie, c'est mon problème, et si j'ai envie d'aller me bousiller dehors, ça me regarde ! C'est moi qui ai voulu entrer pour m'en sortir, c'est moi qui décide d'en partir pour m'en sortir ailleurs !

– Vous feriez mieux de vous calmer et de vous laisser soigner. Je suis là pour ça. »

J'ai tellement connu de situations graves, où j'aurais pu céder, en raison d'un réel danger vital, comme celui de me faire tuer... ce n'est pas le médecin-chef de l'hôpital qui va m'empêcher de sortir.

« Depuis hier, ce n'est pas votre problème. Donc, ce n'est plus votre problème. Je sors. Vous pouvez y mettre le discours que vous voulez, vous perdez du temps, parce que je sors ! »

Et je sors. Je n'ai pas un centime sur moi, mais je suis trop malade pour attendre un métro. Je prends un taxi.

« Ça n'a pas l'air d'aller...

– Je rentre chez moi, j'étais à l'hôpital pour une gastro-entérite... »

Je ressemble à n'importe quelle jeune fille propre sur elle – plus de punk, plus d'oreille percée –, et je connais la méthode.

J'ai un petit sac plastique dans lequel il n'y a rien. Je demande au chauffeur de m'arrêter devant un immeuble choisi d'avance, pas très loin de chez moi, et je laisse le sac sur la banquette, en gage. Et, comme d'habitude, j'entre par la grande porte, pour ressortir par une autre. Je ne peux pas faire autrement, il y a urgence. Je dois réfléchir et, pour pouvoir réfléchir, j'ai d'abord besoin d'un shoot pour cesser de souffrir.

Quoi faire ? Je suis en mauvais état, il faut que je décroche, comment m'y prendre ? Seule, c'est impossible, à moins de tout raconter à ma mère, qui ne sait pas grand-chose, et en tout cas ne se doute absolument pas de la gravité de mon état. Elle n'imagine même pas à quel point j'en suis arrivée. Il ne me reste qu'un élément salvateur : Sylvie. Au fond, je ne l'ai pas appelée par orgueil, pour qu'elle ne constate pas mon échec éventuel. Je me gardais peut-être une petite porte de sortie pour rater mon coup. Cette fois, je ne tergiverse plus, je l'appelle au secours.

Me revoilà dans un autre hôpital, bourrée de calmants. Je ne dors pas du tout. Des crises d'angoisse étouffante, oppressante, des sensations de claustrophobie, des douleurs musculaires, des douleurs nerveuses, comme des sciatiques en plusieurs endroits et qui s'installent, se calment et recommencent. La médication est importante. Et, au bout de quelques jours de sevrage, après une série d'examens, mauvaise nouvelle.

« Votre santé se désagrège. Votre maladie est en évolution. Il y a d'abord une fibrose, les cellules meurent, elles s'évacuent par les urines, et on ne peut pas les arrêter pour l'instant. La suite, c'est la cirrhose, vous risquez le coma hépatique ; après quoi, il y aura risque de cancer. »

Je commence à avoir l'habitude. Je surveille l'état de mes urines depuis que je shoote et que l'on m'a avertie que je risquais ma vie. Claires, tout va bien. Mais, au fur et à mesure qu'elles foncent, c'est danger. Et si j'arrive au marron, c'est grave.

« C'est grave ? Dites-moi où j'en suis.

– Je dirais que vous en avez pour six mois... »

Je voulais la vérité, je l'ai. Il a vraiment dit que j'en avais pour six mois. Et il revient avec une cohorte de jeunes internes. En fait, je suis devenue le cas d'école qu'on vient examiner.

Je suis là, assise sur mon lit, en tailleur. Je me demande ce que je fais là, et à quoi bon rester. On m'interdit des choses dérisoires : « Il ne faut pas fumer ici ! Il ne faut pas manger ça, ce n'est pas bon pour votre foie ! »

On me dit qu'il me reste six mois à vivre, et on ne me propose pas de solution, pas de médicaments, on ne peut rien faire. Rien ? Merde alors, c'est au moment où je passe la tête hors des sables mouvants, que je tends les bras pour en sortir, en espérant que quelqu'un ou quelque chose va m'y aider, que je m'entends condamner !

La lumière s'est rallumée après la dernière overdose, je sors de l'ombre, j'ai envie de vivre. Et brusquement on éteint les lumières. C'est fini ?

« Et si, aujourd'hui, je ne prends plus jamais de poudre de ma vie, ne bois pas d'alcool, ne prends aucun produit toxique, est-ce que je peux m'en sortir ?

– Non. »

Je suis lucide, mais fataliste. J'ai tellement bataillé pour m'en sortir. J'ai souffert, je me suis fait enfermer, j'ai décroché, et la vie continue mais finira en souffrance, et dans combien de temps ? J'ai dix-huit ans. Sylvie me disait toujours : « On ne baisse pas les bras, on ne baisse pas les bras. » Il vient de se passer ce qu'elle espérait depuis longtemps, j'ai rallumé la petite lumière, et voilà...

Je ne les aime pas, tous ces jeunes internes, ces médecins qui parlent de moi comme d'un steak. Ils sont au zoo devant un phénomène : « Vous pouvez toucher, c'est une vraie junkie ! »

En quatre ans, j'ai passé mon temps dans la rue ou dans les hôpitaux, je comprends ce qu'ils disent et ce qu'ils viennent voir : un spécimen plombé aux drogues dures. Ils parlent de moi devant moi comme si je n'étais pas là. Certains sont tellement mal à l'aise de savoir que je suis condamnée à brève échéance qu'ils évitent de me regarder. Comme un handicapé dont on n'ose pas croiser le regard. Et ils me piquent, ils analysent, ils cherchent à comparer leurs statistiques.

Et là débarque un inconnu. Cet inconnu me consacre une heure de son temps, et va me sauver en me redonnant l'espoir. Tous les jours, on vient contrôler la vitesse de décrépitude du phénomène que je suis. Et soudain arrive ce type, décontracté, pas du tout du genre prise de tête, lançant un « bonjour » presque jovial qui détend l'atmosphère.

« Ah ! ça fait du bien, un sourire, une voix humaine. C'est à moi que vous dites bonjour ? J'ai fini par prendre l'habitude qu'on ne me voie plus. C'est touchant que vous me disiez bonjour.

– Mais c'est normal.

– Ben non, depuis quelques jours, la normalité, la simplicité et la spontanéité ne sont plus de mise. Je suis déjà morte, voyez-vous. Ils ne peuvent plus me regarder. À la limite, ils me regarderont mieux une fois que je serai froide. »

Le visiteur ne se déballonne pas :

« Au moins, vous gardez le sens de l'humour. Alors, qu'est-ce qu'ils vous ont dit ?

– Six mois, et des souffrances à venir, j'en ai un peu marre.

– Je vous comprends. »

Il s'assoit sur mon lit, m'ausculte rapidement, contrôle les réflexes :

« Ça marche quand même tout ça ! Vous avez été sportive ?

– Je faisais beaucoup de roller, beaucoup de natation, de ski, j'adorais nager... c'était mon élément.

– C'est dommage, malgré le diagnostic et les analyses qui sont alarmantes, vous êtes en sacré bon état. Mais comment en êtes-vous arrivée là ? Vous avez bien résisté. Physiquement, vous me semblez en bon état. »

Et il me raconte qu'une personne proche de lui, alcoolique, condamnée comme moi, s'est dit : « Puisque les médecins ne peuvent plus rien pour moi, je vais au moins profiter des derniers jours de ma vie. Il n'y a plus que moi qui puisse quelque chose pour moi-même. Alors je vais m'accrocher ! » Et aujourd'hui, il vit toujours et bien.

« Quel gâchis quand même ! Moi, je vous trouve intelligente, physiquement tout peut repartir, vous avez résisté au pire. Quel gâchis de n'avoir rien fait de tout ça ! Avec une telle atteinte hépatique, vous devriez être dans un autre état.

– Quel état ?

– Plus décharnée, rabougrie, déjà squelettique, la peau qui s'écaille, verdâtre. Je ne vois rien de tout ça. Il faut savoir que vous avez un pouvoir intérieur, une volonté qui vaut tous les médicaments et tous les médecins du monde. Si vous avez foi en vous, vous pouvez guérir ! »

Personne n'a raisonné comme ça depuis que je suis dans cet hôpital. Ce type me paraît formidable. On discute, on blague, j'arrive à rire de choses affreuses. Donc, je ne suis ni pourrie, ni verdâtre, ni squelettique. Et il me reste six mois à vivre ? Alors, je vais faire comme son copain, je vais les vivre le mieux possible, jusqu'au moment où je commencerai à souffrir et qu'il n'y aura plus rien à faire. Il sera toujours temps alors de me faire une bonne grosse overdose, une vraie, celle de la fin. Mais, au moins, je vais profiter de ces quelques mois qu'il me reste pour dire aux gens que je les aime, car j'en ai massacré quelques-uns...

Et le visiteur s'en va. Mon père appelle à ce moment-là.

« Oh ! papa, ça me fait plaisir de t'avoir au téléphone.

– Mais qu'est-ce que tu as ? Qu'est-ce que tu as pris ?

– Rien ! Je suis contente de t'avoir au téléphone. »

Pour que je sois aussi joyeuse, selon lui, je me suis forcément shootée à quelque chose.

Alors je lui raconte tout, la visite du médecin, le type condamné par la médecine et qui s'en est sorti, parce qu'il avait de l'espoir, et qu'il avait choisi de vivre jusqu'à la fin le mieux possible.

« Ce sera toujours ça ! Je vais m'offrir un petit bout de vie et celui-là, au moins, je l'aurai bien vécu. Sans souffrir, sans courir après la mort... »

Ce décollage de la dernière overdose a été très important pour moi. Cette conscience de la mort, révélatrice. Il y avait déjà eu de petites bribes, quelques points de lumière dans mon horizon noir. J'ai envie maintenant de bouffer ce qu'il me reste de vie. Je vais sortir de l'hôpital et vivre !

Mon père s'insurge :

« Mais qui t'a mis ça dans la tête ? Il s'appelle comment ?

– Je ne sais pas, c'est un interne.

– Mais qu'est-ce que c'est que ce délire ? Tu ne bouges pas. J'appelle le chef de service, je vais savoir le nom de ce type. De quel droit il te donne un faux espoir ! »

Il a dit cette phrase. Il ne s'est peut-être pas rendu compte qu'il n'y a pas de faux espoir, qu'il y a l'espoir ou rien. Il veut crier au scandale. Et j'ai peur que l'interne sympa, le seul qui m'ait vraiment parlé, risque des ennuis alors qu'il a fait un miracle.

Mon père pense peut-être : « On a réussi à la mettre sous cloche et ce type veut la relâcher. »

Il n'a pas compris, en tout cas.

« Ici, on va tester des médicaments sur moi, continuer à me pomper du sang, à prélever des bouts de foie pour arriver à rien, ils le disent eux-mêmes ! Je voudrais qu'on arrête de me charcuter et profiter du peu de vie que j'arriverai à récupérer. Je suis convaincue de pouvoir lutter pour guérir ! J'ai deux solutions, abandonner ou développer cette force. Donc une seule chance d'annuler la condamnation médicale. Et au pire, si mon envie de vivre et ma foi ne me guérissent pas, au moins j'aurai vécu mes derniers instants pleinement.

– Je veux savoir qui t'a mis ça en tête !

– Non, tu ne l'emmerdes pas, parce qu'il n'y est pour rien ! Et, deuxièmement, je me barre maintenant, et ce petit bout de vie là, il m'appartient. »

Et je raccroche. Connaissant mon père, je sais que, dans les dix minutes qui suivent, il va rappliquer et faire tout pour m'empêcher de partir. Mais je suis majeure... Je me barre chez mon amie Sab. Je crois que j'ai dû fumer un bon pétard en arrivant. Au petit matin, le lendemain, ma mère frappe à la porte.

« Hélène, Hélène, je veux te voir. »

Elle se doute que j'ai atterri là. Sab a des périodes de crise, une consommation régulière et longue. Sans être aussi déterminée dans l'autodestruction que moi, elle n'en sort pas.

« Je ne veux pas t'ouvrir, je ne retournerai pas là-bas. J'ai besoin de vivre. Vous n'êtes pas foutus de me laisser tranquille ? Je vivrai le temps qu'il me reste en dehors, on ne se verra pas, jusqu'au moment où il faudra me réhospitaliser. Je n'ai plus rien à vivre, mais j'ai peut-être en moi le pouvoir de guérir, c'est ma seule chance de le faire. En quoi ça peut déranger qui que ce soit ? Qu'est-ce que je fais de mal en voulant essayer de vivre ?

– Chez moi, tu es chez toi, et ton père n'a rien à y voir. Tu as toujours ta place à la maison, tu feras comme tu veux. Ma porte est ouverte ! Si tu veux que je la referme derrière toi, je la refermerai, et je ne laisserai pas entrer ton père. »

J'ai passé ma journée à réfléchir à la chose et je suis revenue le soir. Et elle a défendu le territoire. Mon père a voulu rentrer et elle l'en a empêché.

« Non, elle ne veut pas te voir. Je ne t'ouvrirai pas. »

Pour une fois elle a dit non. Elle me fait confiance. Il ne me reste plus qu'à la gagner, cette confiance.

11.

Je me sens à l'abri chez ma mère. Mais après ? Retomber dans la vie. J'ai vécu mon adolescence en suspension, j'ai flotté bien au-dessus des réalités, mes pieds ne touchaient plus terre. Le flirt avec la mort et la fascination du vide, tout s'écroule en même temps. Je ne fume plus, je ne prends plus rien. Il me reste à combler ce rien et à le rendre vivant, alors que la maladie me condamne.

Comment faire ?

J'ai besoin de gagner de l'argent, de me resocialiser. Mais je suis incapable de chercher un boulot. Mes parents s'occupent de leur stand à la Foire de Paris, comme d'habitude. Je sais que je vends bien, et qu'en dix jours de temps je devrais gagner de quoi pouvoir me payer un semblant de studio. En attendant, je découvre les rollers. Enfant, j'adorais les patins à roulettes, j'en faisais des tours à l'infini dans le quartier. Je rêve, devant ces rollers, comme une gamine. Mais je ne serai payée qu'à la fin du salon, et je n'ai pas d'argent. Je suis majeure, c'est ma première envie, un retour à la liberté de l'enfance, elle est importante.

Le propriétaire du stand voisin du nôtre vend ces rollers, qui viennent d'arriver sur le marché, au

« prix salon ». J'ai une idée : si je lui ramène des acheteurs, en me baladant à travers la foire, en guise de démonstration, j'aurai une paire gratuite. Je vais le voir :

« Moi, je peux t'en vendre à toute vitesse. Je t'envoie les gens avec ta carte, et je signe Hélène dessus. Comme ça, tu sauras que c'est moi qui te les envoie. »

Le marchand accepte le deal. Et je gagne ma paire de rollers comme prévu !

Pour la première fois, au lieu d'aller dealer de la poudre ou du shit, j'ai dealé des rollers.

Au début, c'est dur. Je n'ai plus de muscles, plus de souffle, pour reprendre une activité sportive. Mais, d'un coup, c'est la liberté retrouvée, la sensation du vent sur la peau. Je renoue avec des émotions oubliées, le jeu, les virages, passer d'un trottoir à l'autre, filer entre les piétons. La vie revient dans une espèce de flot jaillissant. Mentalement, c'est une explosion, comme un bouillonnement intérieur qui ne demandait qu'à s'exprimer. Je deviens hyperactive. Je me sais malade, facilement fatigable, mais vivante. Je ne mange pas grand-chose encore, on ne s'attaque pas à un steak aussi facilement après des années de bouillies et de n'importe quoi pour se remplir l'estomac.

Ce retour à la vie, ce jaillissement d'énergie retrouvée, ce passage de l'ombre profonde et crasseuse à l'envie de vivre, c'est incroyablement fort et puissant, à croire que ça m'a décapé les neurones trop vite.

À un moment, j'ai fait une sorte de paranoïa à propos d'un vendeur de mon père qui me donnait le sentiment de fouiner partout. Je n'avais pas tort, car, en réalité, il était là aussi pour me surveiller. Mon père, ne me faisant toujours pas confiance, l'avait chargé de me « pister ». Je l'ai pris pour un espion cherchant des informations sur l'entreprise familiale ! Un vrai délire. Il était tout le temps au téléphone, il avait l'air sournois, et pour cause, et j'ai pris peur. J'ai prévenu mon père et, lorsqu'il m'a révélé que l'espion était là en fait pour me « protéger », je me suis énervée. Le fait qu'il ait encore instauré une surveillance prouvait qu'il n'avait pas compris. C'était fini, la poudre et le reste. De mon point de vue, mon père réagissait « enfin », alors qu'il était en décalage total avec les événements. Il n'avait pas réagi au bon moment.

Je ne prenais plus rien. J'avais même accompli un exploit personnel et silencieux, dont il ne se doutait pas. Je ne voulais plus retomber dans la poudre, mais je n'en avais pas encore fait l'expérience en « direct live ». Un jour, tandis que j'accomplissais mon petit boulot sur le stand, un fantôme est arrivé.

« Hé, bonjour, Hélène, je savais que j'allais te trouver là. Comment ça va ?

– Je suis occupée.

– Je t'attends, si tu veux.

– Je ne sais pas quand j'aurai fini... »

Ce type me connaît, il sait que je prenais de la poudre, il ignore que j'ai décroché. Depuis des semaines, je vis à l'écart des gens comme lui, je m'enferme à la maison, pour que « ça » ne puisse pas m'approcher, et la venue de ce type est un coup de semonce.

« O.K., écoute, j'en ai, je t'en laisse. »

Il me glisse un petit paquet, naturellement, comme on offre une cigarette à un ancien fumeur qui n'a pas dit assez fort combien il a souffert pour en sortir. Je le prends.

J'ai déjà rencontré ce genre de situation, je m'en souviens vaguement, après ma sortie d'une précédente désintoxication. À l'époque, j'avais pris la poudre et j'avais shooté le soir même. Je me rappelle avoir fait le tour de mes planques de seringues, j'en avais semé partout.

J'en ai même retrouvé une derrière un panneau d'affichage, qui avait moisi.

Mais, cette fois, je ne sais pas quoi faire de ce truc. Ma première réaction est de le garder pour le donner à quelqu'un. Je sais que n'importe quel junkie l'aurait pris comme si je lui faisais cadeau d'un diamant. J'étais là, avec ce sachet dans le creux de la main, à me demander quoi faire, comme s'il était impossible que je n'en fasse rien...

Je n'en voulais pas, ce n'était pas un diamant, c'était tout simplement de la merde.

J'ai couru aux toilettes, j'ai ouvert le bout de papier plié comme une petite enveloppe, je l'ai bien regardé, et je l'ai jeté dans la cuvette. Puis j'ai tiré la chasse. À ce moment-là, j'étais la reine du monde ! J'avais jeté un diamant aux chiottes ! J'étais épatée d'être capable de faire ça. En y allant, je n'étais pas sûre de pouvoir y parvenir. J'y étais allée comme on saute en parachute – ne pas penser, ne pas penser, j'y vais, j'y vais... Et j'avais sauté ! Je ne voulais plus de ça. J'avais réussi à ne plus voir de gens qui en prenaient. J'avais réappris à manger avec des couverts, mes cheveux avaient repoussé.

J'avais décidé que je ne m'adresserais plus qu'à mes ressources intérieures pour résoudre les problèmes de l'existence. Plus de substance chimique, plus jamais.

Je suis allée aussi rendre visite à mon amie Sab. Elle était contente de me voir mais en attente de la poudre. Et la poudre est arrivée. Je regardais faire Sab. Avant, pour moi aussi, c'était le moment le plus important. La vie était à l'endroit où était posée cette poudre, plus rien ne comptait. Je me souviens d'un jour où je tenais la cuiller, avec la poudre dedans. Je craque l'allumette pour la faire chauffer et l'allumette me tombe sur la main. Elle y a brûlé en totalité, mais ma main n'a pas bougé et je n'ai pas lâché la cuiller parce qu'au bout il y avait cette cuiller avec de la poudre, justement. J'ai senti la brûlure, mais elle n'avait aucune réalité.

Et ce jour-là, en visite chez Sab, je me suis demandé en l'observant ce que je faisais là. Au lieu de me dire : « Attention, il ne faut pas que tu y touches, Hélène ! », j'ai pensé : « Bon, c'était pas la peine, elle ne me voit même plus. »

Elle a pris la poudre, la seringue, elle a fait un garrot, elle a shooté, j'ai vu le shoot monter en elle et je me disais pendant ce temps : « Mais qu'est-ce que je fous là ? »

J'étais heureuse en sortant. Je venais de comprendre que ce « diamant », cette source de plaisir qu'elle aurait volontiers partagée si j'avais voulu, ne représentait plus rien. Le produit était devenu anodin. Il avait perdu son pouvoir sur moi.

Jusque-là je me retenais, je m'en méfiais car je savais qu'il était plus fort que moi. J'étais encore faible, mais cette visite chez Sab m'a fait réaliser définitivement que je l'avais vaincu. L'histoire d'amour et de mort était bien enterrée. Je dirais que cela ressemblait un peu à ce que l'on ressent après avoir été fou amoureux de quelqu'un, et qu'on ne l'est plus. On a connu le manque de sa présence, songé à lui tous les jours, toutes les nuits, vécu pour lui, puis viennent la crise et la séparation. On le revoit, on est attirée, on a peur de lui parce qu'il nous a trompée et fait du mal, on ne veut pas recommencer, pourtant on est encore tentée. Et enfin arrive le jour où l'on rencontre cet ancien amour et où rien ne se passe. On est simplement polie, en se disant : « Désolée, même s'il se jette à mes pieds, c'est fini, ça ne marche plus. »

Un de mes plus beaux souvenirs est la réaction d'Adrien, Monsieur le comte d'Avricourt. Je l'admirai et, à soixante ans, il m'a avoué qu'à ma place il aurait lui aussi plongé... c'était seulement un décalage d'époque. Il s'est intéressé au détritus humain que j'étais, me faisant découvrir le peintre Jérôme Bosch et la musique classique, pendant que je le faisais danser sur Marvin Gaye et Bob Marley.

Libre. Personnellement libérée, j'avais besoin de dénouer le nœud familial.

Sylvie organise aux environs de mes dix-neuf ans une séance de thérapie collective. Tout le monde est là. Mes parents, ma sœur, ma grand-mère.

Dans la catégorie « choses incomprises », j'ai déjà avancé en posant *la* question à Paquita :

« Une fois pour toutes, dis-moi si tu es ma mère !

– Tu m'énerves avec ça ! Une fois pour toutes, je ne suis pas ta mère ! »

Je m'en doutais. Cette histoire qui traînait dans ma tête d'enfant n'était que le reflet d'un sentiment plus profond, celui de me sentir rejetée, de ne pas avoir ma place dans un conflit entre adultes. Il m'a suffi de regarder une photographie de ma mère et de constater que je lui ressemblais définitivement. Ma mère était bien ma mère, et elle l'avait prouvé. De plus, j'affirme que ma dégringolade n'est la faute de personne, et surtout pas d'une confusion enfantine. Ce serait trop simple.

Ils sont tous là. J'arrive avec une sorte de lâcher prise, de satisfaction, dans le sens où chacun va mettre cartes sur table, pouvoir dire des choses cruelles, mais des choses d'amour aussi. Et j'ai une protection, Sylvie, qui est là pour que de cette thérapie collective sorte le meilleur.

Je commence la grande séance familiale.

« J'ai voulu vous réunir car je pense qu'il y a beaucoup d'amour entre nous, je suis même impressionnée de ne m'en rendre compte que maintenant. Mais il faut que les uns et les autres aient la possibilité de l'exprimer. Je ne veux pas que l'on continue à s'accuser mutuellement, parce que ce mode de fonctionnement m'est profondément destructeur, parce que je me retrouve au milieu d'un ping-pong familial où j'ai l'impression d'être la balle. Le but n'est pas d'accuser ni même de regretter, mais seulement de passer à autre chose, c'est nécessaire. »

Sylvie estimait qu'il y avait autour de mon histoire une somme de perturbations venant de chacun d'entre nous, et qu'il était bon que les choses soient dites enfin face à face. J'avais l'impression que tout, dans la famille, passait par des non-dits.

Sylvie avait parfois comme interlocuteur l'un ou l'autre de mes parents. Elle arrivait à leur parler et à les faire parler, mais ces paroles demeuraient dispersées. Il y avait une distorsion de la communication entre eux, ma mère avait toujours peur de provoquer l'énervement ou la colère de mon père. Donc, ils ne discutaient pas vraiment, sauf par intermédiaire. Du coup, je me débattais dans un labyrinthe relationnel avec des choses mal dites, mal interprétées. En ce qui me concernait, j'avais eu une véritable prise de conscience du danger de la maladie, et la volonté de comprendre les autres, face à l'imminence possible de ma mort. Il ne s'agissait plus d'un suicide éventuel, je pense que mes parents se posaient la question de mon avenir en ces termes : « Ou elle va replonger complètement et se flinguer, ou elle va décider de se flinguer sans replonger. »

Je n'avais ni envie de suicide ni envie de replonger, mais un immense besoin d'entendre la vérité de chacun. Avec la volonté de ne culpabiliser ni les uns ni les autres. Dans mon histoire, il n'y avait pas de coupable direct. Je considérais qu'il fallait démêler une pelote de laine.

Il y avait de l'amour, de la souffrance, de la maladresse, et, jusque-là, aucun mot de leur part et de la mienne pour les formuler. J'avais besoin de m'entendre dire que j'étais aimée et que je les aimais. L'ultimatum de la mort avait fait naître ce besoin, avec une sorte d'urgence.

La tristesse de ma mère et sa résignation, la boulimie de ma sœur qui avait pris parti pour elle. Le manque de relation entre mon père et sa propre mère, ma grand-mère... Si cette thérapie familiale s'était faite plus tôt, à la séparation de mes parents, les choses auraient été différentes. La douleur était fraîche à ce moment-là. Des années plus tard, chacun était englué dans sa souffrance.

À l'époque, mon père aurait pu exprimer clairement qu'il n'y avait pas d'abandon des enfants, ma mère aurait pu dire qu'elle était soulagée de cette séparation, puisqu'ils ne s'entendaient plus. Tous les deux auraient pu affirmer que le lien d'amour avec les enfants demeurait intact.

Sylvie a probablement déterminé l'ordre des interventions, en évitant de commencer par mon père pour nous protéger de son comportement systématique, ce besoin de transformer ce que disent les autres en une culpabilité personnelle.

Ma sœur parle. Elle dit qu'elle s'est rendu compte de mon dérapage dès le début, mais qu'elle était terrifiée par son impuissance. Qu'elle se sentait coupable d'avoir focalisé l'attention sur elle, alors qu'elle avait conscience que j'étais en train de crever. En revanche, elle avait compris à quel point j'avais désespérément mis en place tout ce qui était possible pour que ça ne se voie pas. Elle avait compris aussi mon désespoir, puisqu'elle le vivait elle-même dans un autre mode d'expression. J'ai retrouvé un petit bouquin qu'elle m'avait offert à l'époque, *La Fugue du Petit Poucet*, de Michel Tournier. Elle essayait de me faire passer un message. Elle était gamine, elle n'avait que dix-huit mois de plus que moi, mais elle a vu le moment où je me suis repliée sur une souffrance muette.

« J'ai senti qu'elle se renfermait, qu'elle allait mal, qu'elle ne parlait pas parce qu'elle ne voulait faire de peine à personne. Mais je ne savais pas quoi faire. »

Cette simple phrase me touche beaucoup. Je ne réalisais pas qu'elle était consciente. Je crois même avoir pleuré.

Ma grand-mère est succincte en ce qui la concerne. Elle n'a rien remarqué, sauf que je devenais agressive et qu'elle ignorait pourquoi. Elle ne savait pas comment m'aider car j'étais totalement inaccessible. Elle a connu l'inquiétude dans les périodes de fugue, la crainte qu'on m'ait kidnappée ou violée. Le pourquoi la dépasse.

Lorsque mon père prend la parole à son tour, c'est encore une fois en s'excusant. Ses difficultés affectives personnelles n'ont pas été comprises telles qu'il les vivait. Comme d'habitude, il remonte aux calendes grecques. Il évoque son enfance, le moment où il a choisi de vivre avec Paquita. Il se dit surpris qu'on lui attribue un rôle tellement inaccessible, qu'on ne soit pas venu lui parler.

Je refuse de remonter aux histoires paternelles.

J'avais exprimé le besoin, au début de cette séance, que chacun dise les sentiments et les émotions vécus pendant mon adolescence. Mon père, effectivement, tombe le masque. Il est touchant de bonne volonté, mais très vite il dérive sur ses propres difficultés personnelles. Il se reproche quand même de ne pas avoir vu. Et je voulais absolument que tout le monde sorte de la culpabilité de ne pas avoir vu. Ce jour-là, je me souviens d'avoir clairement dit :

« Vous ne pouviez pas voir, puisque mon seul souci était que vous ne vous inquiétiez pas. Je trouvais que vous aviez assez de problèmes personnels à régler. J'ai fait tout ce qu'il fallait pour que vous ne le voyiez pas. Donc, vous n'avez pas vu, mais vous n'êtes pas coupables. Chez d'autres parents dans la même situation, j'ai noté encore plus d'aveuglement, une réelle non-volonté de voir pour ne pas se remettre en question. J'ai quand même la chance d'avoir une famille qui, maintenant qu'elle a pris conscience du problème, se réunit courageusement pour en parler.

« Je me sentais coupable de ne pas être capable de dire non à l'ombre qui m'attendait au coin de la rue, c'était l'ombre de moi-même. Bardée de volonté, de décision, lucide, à plusieurs reprises j'ai replongé quand même, alors que j'étais sûre de moi l'instant précédent, refusant de revivre des choses affreuses, de trahir la confiance des autres. Et, chaque fois que je n'arrivais pas à dire non, je me dévalorisais davantage. Ce dégoût de moi-même était une vraie raison de vouloir mourir. Jusqu'à ce que je parvienne à dire : “ Il faut m'empêcher d'y aller, donc m'enfermer. ” »

Cette séance a duré près de deux heures. Pour une fois, les uns et les autres n'étaient plus planqués derrière leur personnage, ils sortaient de leur rôle pour m'apparaître comme des êtres humains, fragiles, impuissants. Et je les entendais exprimer de l'attention, de l'inquiétude, donc de l'amour à mon encontre. Je les ai beaucoup découverts, là. Il y avait eu tellement de mensonges, avec une volonté de me protéger, mais cela ne me convenait pas. Je voulais la vérité.

Je leur ai demandé pardon. Pardon de n'avoir pas compris qu'on m'aimait et que j'étais un souci pour eux, alors que je voulais justement l'éviter. Pardon de ne pas avoir cru aux tentatives pour m'aider. On venait enfin de me dire : « On t'aime », et c'était une révélation.

« N'oubliez plus jamais de le dire ! »

Si je n'avais pas survécu, je ne l'aurais jamais entendu. Il y avait de l'amour, mais personne n'avait la capacité de le montrer. Quand c'est un amour qui semble inexistant à l'adolescent, il est bon qu'on le lui exprime, que cet amour ne l'étouffe pas en « je t'aime » systématique, sans raison. Lui dire : « Je t'aime pour ce que tu es, avec ta force et ta faiblesse, je t'aime non pas parce que c'est normal, parce que je suis ton père, ou ta mère, ou ta sœur, mais je t'aime pour toi, pour ta différence et ton caractère. Même si tu as un caractère de cochon, je t'aime quand même, parce que je sais tout ce qu'il y a de bon chez toi... Cultive-le. Tu es une belle plante, deviens la fleur que tu souhaites. »

L'abcès était crevé en thérapie et s'évacuait pour ensuite s'assainir. Je pense que mon père en a retiré l'idée qu'il m'avait « sauvée ». À un moment, il s'est persuadé qu'il n'avait pas laissé tomber, qu'il était là, qu'il s'en occupait. Sauf qu'il l'avait fait tardivement et par épisodes. Visiblement, il n'a jamais su lui-même comment être un père au quotidien, encadrer, soutenir, jour après jour ; il a lui-même manquer d'un exemple paternel qu'il aurait pu reproduire.

Je dirais que la simple rencontre avec une thérapeute non conventionnelle, à l'époque, capable de tendre une main sans l'emprisonner, d'ouvrir une porte sans la refermer à clé, que cette rencontre-là surtout m'a permis d'en sortir.

Je dirais que les lacunes affectives, et donc les fragilités de mon père et de ma mère, ont fait qu'ils n'ont pas pu réagir efficacement et honnêtement vis-à-vis d'eux-mêmes, et que ce brouillard dans leur relation m'a empêchée de me construire sur quelque chose de transparent et de solide à la fois. Je n'ai trouvé aucun support hors du noyau familial, un palliatif qui aurait été constructeur. Quelqu'un ou quelque chose qui me communique la passion de vivre à l'âge où il est essentiel d'avoir de l'espoir.

J'ai eu beaucoup de chance ensuite.

D'abord, je ne suis pas morte.

Alors, je me suis jetée dans la vie et les petits boulots. Je crois avoir à peu près tout tenté, jusqu'à un voyage à pied dans le désert du Néguev en Israël, au cours duquel je me suis physiquement dépassée. Pour gagner ma vie, j'ai entrepris d'apprendre un peu tout. Je me suis retrouvée à travailler aux côtés d'un chirurgien passionnant, jusqu'à l'accompagner au bloc opératoire, il m'a aussi poussée vers les études des médecines naturelles ; une porte s'ouvrait vers mon avenir. J'ai fait de la communication dans un journal, découvert ensuite la magie de la thérapie manuelle par le massage. J'étais douée. Je me suis efforcée d'avoir une vie saine, de ne manger que des aliments sains, de me soigner par les plantes, de pratiquer des sports, d'user de méthodes naturelles. J'étais devenue mon propre cobaye et mon état de santé s'est amélioré. J'avais l'espoir de guérir, puisqu'on me l'avait donné comme un cadeau. Et j'ai guéri. Un jour, il n'y a plus eu la moindre trace de lésion hépatique. Rien, mon sang était redevenu tel que ma mère me l'avait donné, pur. C'était miraculeux.

J'avais une chance sur un million, selon les statistiques, de m'en sortir. J'ai gagné.

Depuis mon enfance, j'avais besoin de me dépasser, d'aller au-delà de moi-même. J'ai le souvenir, alors que j'avais une dizaine d'années, des dernières vacances passées avec mon père à la montagne. J'avais vu, de loin, en haut, une tache de neige, apparemment inaccessible. Je voulais l'atteindre. Mon père, un bon marcheur, m'avait dit :

« D'accord, on essaie, mais on s'arrêtera dès qu'on n'en pourra plus... »

Il croyait que je ne tiendrais pas jusque-là. Mais je l'ai entraîné jusqu'à la neige. Arrivée là-haut, j'étais contente d'avoir atteint un objectif complètement éphémère et a priori inaccessible. Mon père n'y a peut-être jamais vu un événement important. Pour lui, c'était anodin. Mais, pour moi, c'était un tout petit rêve devenu réalité. Je voulais devenir une sorte de coquelicot ou mieux encore une fleur de tiaré dans un monde de cactus. Il me voulait cactus comme lui. J'aurais aimé qu'il me dise : « Tu seras coquelicot, ma fille, puisque que tu en rêves. »

12.

Je n'ai pas construit mon avenir en suivant des filières classiques. Mon adolescence, et donc ma scolarité chaotique m'ont fait avancer dans la vie à l'instinct. Je me souviens qu'à l'école primaire, déjà, je préférais la poésie aux tables de multiplication. Enfant, je me voyais plus tard, au bord d'un lagon, face au grand bleu, tenant deux enfants par la main. Un rêve qui est devenu réalité. J'avais besoin de nature, de pureté, de simplicité dans les rapports humains. Besoin de guérir de tout.

À vingt ans, je me suis inscrite dans une école privée mondialement réputée pour obtenir un diplôme de naturopathe, et j'ai mis en application tout ce que j'apprenais. J'ai commencé par manger sainement : des fruits, des légumes, du riz blanc, de la soupe de légumes. Deux fois par semaine, une diète particulière. Un jour, de l'eau et des tisanes ; un jour, des légumes cuits pour purger l'organisme. J'avais un professeur remarquable qui m'avais prise sous son aile.

J'ai obtenu les diplômes un à un. Naturopathie, phytothérapie, aromathérapie, balnéothérapie, thalassothérapie, bionutrition et massages. Mon professeur me soignait tout en m'enseignant.

Il connaissait mon état de santé et le risque, mais il avait vu surtout mon acharnement à vivre. Je lui avais dit : « Tentons l'aventure ! Au pire, qu'est-ce qui peut m'arriver ? On m'a déjà avertie que je risquais de mourir, alors, si je meurs au bout du compte, je ne vous en voudrai pas. J'aimerais seulement mourir dans de moins mauvaises conditions. »

Je travaillais beaucoup en cours du soir, en stages le week-end, en séminaires. J'ai financé mes cours et, parallèlement à ces études acharnées, je suis « tombée » littéralement entre les mains d'une masseuse d'exception. Elle m'a formée techniquement, avec la patience de ceux qui, découvrant un talent brut, s'attachent à le mettre en lumière. Mes mains savaient masser, s'occuper d'un corps, le comprendre et le soigner. Cette rencontre a été une autre révélation.

La petite lumière que chacun porte en soi, celle qui veille en sourdine, n'attendait que cela.

Mais travailler à Paris, vivre enfermée, devenait de plus en plus difficile. Il y avait un décalage entre le fait que je sois affamée de vie et la futilité de la vie citadine au quotidien. Je n'arrivais pas à m'adapter. Je me disais : « Tu n'as pas survécu pour ça. »

J'essayais souvent de m'échapper vers le Midi pour aller voir la mer, la lumière, pour sortir de l'ambiance parisienne. J'étais guérie physiquement, définitivement, il me manquait mon rêve d'enfance. La liberté.

Je rencontre un homme, parisien et citadin dans l'âme, photographe de mode de profession, qui m'emmène un jour à Tahiti, où il doit faire des photos. Le choc. Je voudrais ne plus en partir.

Alors qu'il n'a de cesse de retrouver sa ville, son frigo, sa télé, ses soirées en boîte de nuit, je traîne pieds nus en m'émerveillant de pouvoir ramasser un pamplemousse dans le jardin du voisin, et de l'entendre me dire avec un grand sourire : « Il est bon, hein ? Tu en veux d'autres ? Ramasse... » Elle est là, cette vie dont je rêve. Je rentre à Paris, je regarde mes chaussures à talons, mes pull-overs, et c'est fini, je ne peux plus supporter la porte de cet appartement, fermée à clé comme un blockhaus, qui ne laisse entrer l'extérieur qu'avec la permission d'un code secret ! Je ne veux plus masser ces jeunes femmes, mannequins de mode, lasses d'être trop belles, et de porter des robes trop belles. Elles m'attristent. La superficialité de cette existence me fait dire un jour : « Je vis dans une sorte de mensonge. »

Le deuxième élément déclencheur de rêve, c'est Bud, un ami d'enfance revu par hasard en Méditerranée. Un survivant lui aussi, mais qui a réalisé son propre rêve. Il vit et travaille sur un bateau, il parle des îles, de soleils couchants, de vent sur la peau, de dauphins, de lagons au crépuscule et de pieds nus sur le sable chaud...

« Et toi, Hélène ? Qu'est-ce que tu deviens ? »

Je vis donc dans un milieu parisien et dans d'excellentes conditions, c'est le résultat d'un retour à la vie, mais ce n'est toujours pas conforme au naturel, à l'authenticité dont j'ai profondément besoin. Retrouver ce copain d'enfance, c'est recevoir en pleine figure ce désir de sensations naturelles. Le choix m'est accordé de reprendre le cours d'une existence qui n'est pas désagréable, ou d'écouter ce réveil de ma conscience.

Au cours de cette sorte de guerre atomique à laquelle j'ai survécu, j'ai oublié qu'au début, avec mon copain Jarv, nous parlions déjà des îles, de mer, de bateau, de vie simple avec des gens simples. Jarv est mort, comme d'autres, dans ce cataclysme de poudre.

Je me dois, parce que j'ai survécu, de prendre le risque de croire encore en la réalité de ce rêve. Je ne veux pas vieillir avec ce regret. La vie me donne le choix ; si je ne vais pas au bout de ce rêve, ce sera une forme de trahison. Adieu Paris, il me faut la mer.

Je descends d'abord vivre dans le Midi. Je pars avec ma petite voiture et ma table de massage, et aussi avec mon mémoire de fin d'études sous le bras, qui est presque terminé. J'atterris dans un petit appartement, vide, au-dessus d'un garage. Et je décide d'aller aux îles Canaries avec mon Bud. Le rêve commence mal. À peine arrivée à Madrid, on me vole ma voiture et tout son contenu : mes rollers, et mon mémoire, mon trésor de travail. Le copain part sans moi, en me traitant de « sac à galère ».

Je retourne en France, chez des amis propriétaires d'une plage dans le Midi, et je passe trois mois à recopier mon travail, du lever du jour au coucher du soleil. Pour survivre, je trouve un petit boulot de pilote de ski nautique. Le salaire me permet de manger. Mon mémoire se reconstitue à la force d'une vieille machine à écrire, et je commence à masser tous ceux qui en ont besoin autour de moi. Et le bouche à oreille fonctionne. On me propose d'organiser un spa dans un hôtel de luxe, en bord de mer. On me demande d'y prévoir aussi des menus équilibrés, ce que ma formation me permet de faire.

Le rêve des îles est toujours là, ancré dans ma tête, mais le bateau n'est pas encore en partance.

Entre-temps, je tente ce que toutes les femmes s'efforcent d'obtenir, un couple. Et j'attends un premier enfant.

J'aurais rêvé d'accoucher avec les dauphins. Cela n'a pas été possible, mais j'ai préparé la naissance de ma première fille dans l'eau, en travaillant sur le souffle, en faisant de longues apnées, pour un travail sans douleur. Dans mes pérégrinations, j'ai eu la chance de croiser Jacques Mayol et sa passion. J'ai appliqué ses principes et découvert l'apnée profonde et le monde des dauphins.

J'étais seule, la nuit de la naissance. Et j'ai accouché seule. Le médecin m'avait dit : « Il est quatre heures du matin, vous n'êtes pas encore prête, vérifiez le col, et rappelez-moi plus tard. » Il n'était pas inquiet car je n'avais pas mal. Je ne ressentais que des mouvements dans mon ventre, des contractions sans douleur.

Alors, j'ai tout fait moi-même. Au moment de vérifier la dilatation du col, j'ai perdu les eaux. Ce n'était plus la peine d'appeler le médecin, il lui fallait au moins une demi-heure pour venir en urgence. À la contraction suivante, la tête est sortie entre mes mains. Je me suis dit : « Pas de panique, ça arrive à tout le monde, et dans le règne animal on se débrouille tout seul, tu n'as pas le choix. » Pour finir, j'ai prié : « Mon Dieu, cette fois j'ai vraiment besoin de votre aide ! » En quelques minutes, j'ai eu mon bébé dans les bras. Extase. Vision extraordinaire du vivant sorti de mes entrailles. Marie respire, je contemple ce cordon qui la relie encore à moi. C'est donc moi qui dois la libérer.

Je savais que la respiration pulmonaire d'un bébé s'installe à peu près en vingt minutes, et que pendant ce temps il continue à respirer par le cordon. Je prends des ciseaux, un désinfectant, je trouve du fil à broder – il est couleur lavande... pourquoi pas ! Je le trempe dans l'alcool. Je le sèche un instant, je pose le bébé sur une serviette à côté de moi, j'attache le fil d'un côté, puis, de l'autre, je vérifie que le cordon a cessé de battre, et je me souviens d'avoir dit tout haut :

« Marie, mon ange, je t'offre la vie. »

Je coupe entre mes deux liens de fil bleu, et c'est magique. Une fois que le cordon a cessé d'alimenter l'enfant, il respire tout seul. Et j'ai appelé les pompiers pour qu'on nous emmène à l'hôpital.

L'infirmière s'est aperçue immédiatement que je n'avais pas encore expulsé le placenta. Après une ultime contraction, qu'elle m'aide à provoquer, elle le dépose dans une petite bassine et s'en va. Et mon bébé ?

« On s'en occupe ! »

Marie est née à cinq heures du matin, à l'heure du changement des tours de garde. Elle me laisse seule sur la table de soins. J'attends qu'on me ramène mon bébé, rien ne vient. Je me lève et pars à sa recherche. Je croise une infirmière.

« Mais qu'est-ce que vous faites debout ?

– Je cherche mon bébé. Personne ne me l'apporte. Où est-il ?

– Allez vite vous coucher, vous allez faire une hémorragie...

– Je vais me coucher à la seule condition que vous m'apportiez mon bébé.

– On vous l'apporte tout de suite, allez vous coucher. »

Je retourne m'allonger sur la table de soins, impatiente, et je vois que le placenta est toujours là, dans sa bassine. J'avais une idée en tête à propos de ce placenta. Je voulais le mettre en terre et planter un arbre dessus. C'est une vieille tradition chrétienne, encore pratiquée aujourd'hui pour tous les enfants en Polynésie. On enterre le placenta, on plante un arbre fruitier et l'arbre grandit en même temps que l'enfant. Les fruits de cet arbre sont le reflet de son épanouissement. Symboliquement, c'est le retour à la terre. Et j'ai très envie de le faire. Je n'ai pas osé le réclamer, on m'aurait prise pour une militante d'une secte quelconque ! Au mieux, pour une farfelue. Comme personne ne venait, je l'ai « kidnappé », enfermé dans un sac en plastique, et caché dans mes affaires.

Lorsque la nouvelle infirmière a pris son tour de garde et m'a enfin ramené « mon bébé », elle a seulement pesté après sa collègue qui aurait pu nettoyer la bassine vide !

Je l'ai planté aussitôt après, dans le jardin de ma mère. Marie a son citronnier. Et elle tétait encore lorsque sa petite sœur Pauline est arrivée à la maison, elle aussi, mais cette fois avec l'aide d'une sage-femme. Pour ma seconde fille, j'ai planté un oranger.

Marie dormait quand sa petite sœur est née. À son réveil, elle s'est inquiétée de la voir chercher le sein à coups de nez, et de ne pas y parvenir.

Comme elle avait du mal à prononcer « Pauline », elle a dit :

« Maman, doudoune Piline ! Attends, Piline, attends ! »

Elle a pris le sein, elle a tété pour faire venir le lait.

« Tiens, Piline, doudoune ! »

Ce moment-là a été le plus beau cadeau de ma vie. Pauline a commencé à téter, Marie s'est mise de l'autre côté et en a fait tout autant, sa main tendrement posée pour aider sa petite sœur. Elle la regardait avec émerveillement.

Quand j'étais petite, je voulais vivre sur une île et découvrir le sérum de longue vie. Rien de moins !

On m'avait appris alors un poème de José Maria de Heredia, « Les conquérants », qui m'avait frappée. J'y voyais de grands oiseaux traversant les mers. Je ne savais pas que Palos de Moguer était le port espagnol d'où partirent les conquérants, dont Christophe Colomb, et encore moins que Cipango était l'ancien nom du Japon ! Je rêvais...

Comme un vol de gerfauts hors du charnier natal,
Fatigués de porter leurs misères hautaines,
De Palos de Moguer, routiers et capitaines
Partaient, ivres d'un rêve héroïque et brutal.

Ils allaient conquérir le fabuleux métal
Que Cipango mûrit dans ses mines lointaines,
Et les vents alizés inclinaient leurs antennes
Aux bords mystérieux du monde occidental.

Chaque soir, espérant des lendemains épiques,
L'azur phosphorescent de la mer des Tropiques
Enchantait leur sommeil d'un mirage doré ;

Ou, penchés à l'avant de blanches caravelles,
Ils regardaient monter en un ciel ignoré
Du fond de l'Océan des étoiles nouvelles.

J'y suis, dans mon rêve. Je vis et travaille en Polynésie, sur une île magique au beau milieu du Pacifique Sud. Lorsque ce simple accord avec moi-même est né, tout s'est enchaîné, comme par magie.

Adulte, j'ai retrouvé l'énergie de l'enfance, j'ai cru en mes passions et j'ai réalisé tous mes rêves improbables. Finalement, parce que j'ai cru de toute mon âme en mes passions d'enfance, je vis aujourd'hui dans ce rêve réalisé. Je suis devenue une fleur de tiaré, et je développe des lieux de pur bonheur où s'épanouit harmonieusement ma vocation professionnelle. Pour tous ceux qui cherchent et se perdent parfois sur le chemin de leur vie et pour ceux qui croient encore en leur rêve d'un paradis sur terre.

Un jour, j'ai largué les amarres pour ce lagon du bout du monde, avec mes diplômes, mes deux petites filles et mon rêve d'enfant.

Ma conquête personnelle.

Postface de Sylvie Angel

J'ai rencontré Hélène alors qu'elle était hospitalisée dans un service de pédiatrie pour des problèmes de santé. J'y travaillais comme pédopsychiatre (c'est-à-dire psychiatre d'enfants et d'adolescents) et j'étais aussi interne dans le service de toxicomanie de l'Hôpital Marmottan dirigé à l'époque par le Dr. Claude Olievenstein.

Très vite Hélène m'a raconté qu'elle se shootait, c'est-à-dire qu'elle prenait de la drogue par voie intraveineuse.

Elle m'a touchée, immédiatement. Elle était jeune, et sa détresse profonde... Elle avait besoin de parler, j'étais là pour écouter...

La relation thérapeutique se crée à partir d'une relation de confiance, d'une humilité et d'une empathie nécessaires. L'alchimie ne fonctionne pas toujours, mais là, elle a fonctionné.

Nouer un lien, comprendre, écouter mais surtout entendre, c'était déjà mon travail au quotidien que je n'ai cessé de continuer au fil des ans.

Il n'est pas facile de donner un sens à la parole, de permettre à celui ou à celle qui nous livre son histoire d'avancer dans l'élaboration de ce qui s'est joué pour lui.

De plus, les adolescents ne sont pas toujours prêts à parler, ils n'en ont pas toujours la capacité, ils n'arrivent pas à exprimer leurs émotions en mettant des mots sur ce qu'ils ressentent, la plupart n'ont que faire des psy.

Mais Hélène avait besoin (enfin) d'avouer sa souffrance. Celle-ci s'exprimait par des passages à l'acte de plus en plus graves depuis des années.

Je savais qu'il fallait être là, comme un fil continu, pour qu'elle ne se détache pas complètement de la vie. Parce que vingt-quatre heures, pour un toxicomane, c'est une éternité durant laquelle il peut mourir vingt fois. Hélène était dans l'urgence. Une urgence vitale, qui a duré trois ans. Trois ans pendant lesquels elle a échappé à la mort chaque jour. Plusieurs fois par jour.

Nous avons avancé ensemble, presque quotidiennement. Elle m'a appris beaucoup, comme tous les patients qui sont venus me voir, que j'ai écoutés durant ces vingt-cinq années de pratique, car notre savoir s'appuie sur leur savoir. Chaque histoire est singulière et, même si des rapprochements peuvent se faire entre deux personnes qui ont eu des vies apparemment similaires, chacun d'entre nous construit son itinéraire à partir de sa famille. Et chaque histoire familiale est différente.

L'usage des drogues s'est développé dès les années 1968, mais nous savons que les hommes ont fait usage des drogues de tous temps, dans différentes cultures... De nouvelles drogues sont inventées sans cesse et le paysage aujourd'hui diffère évidemment de celui des années où Hélène a basculé, mais les problèmes qui conduisent les jeunes à utiliser des produits et les réponses des adultes à leur égard sont similaires.

À l'époque, le Dr. Claude Olievenstein, au centre Marmottan, clamait que la toxicomanie dépendait de trois paramètres : l'existence des produits, la personnalité de leurs consommateurs, et le moment socioculturel où ces deux premiers éléments se rencontrent.

Mais on avait oublié la famille. C'était même pire que ça : on l'avait évincée des protocoles de soin. Quand un patient arrivait pour être soigné, on instaurait une rupture avec les parents.

Hélène, et des centaines d'autres jeunes, nous ont appris qu'il fallait avant tout comprendre et aider simultanément les parents, qui se sentent désarmés et impuissants. On ne règle pas un problème sans tenir compte de son contexte et le contexte de vie de l'adolescent, bien évidemment, c'est sa famille.

L'adolescence n'est pas une maladie, c'est un passage naturel entre l'enfance et l'âge adulte, qui commence par des changements physiques et psychiques : c'est la puberté.

Cette période tend aujourd'hui à s'allonger comme s'allonge l'espérance de vie de chacun d'entre nous.

L'adolescence dure plus longtemps que la notion de teenager (entre 12 et 18 ans). L'adolescence peut durer encore quelques années, et ainsi on rencontre des jeunes ados de 25 ans...

La maturité affective est variable d'une personne à une autre et l'âge réel n'est pas toujours celui que l'on peut lire sur ses papiers officiels.

Nombreux sont les parents qui pensent « c'est l'adolescence : mon enfant est en crise, cela passera »... Pour la plupart, c'est vrai, mais combien de fois ai-je reçu en consultation des parents venus consulter pour des problème de drogue de leur enfant, alors que celui-ci présentait un état dépressif sévère.

L'adolescent s'était replié dans sa chambre, ses notes s'étaient effondrées, il ne parlait plus... « Il se drogue », pensaient les parents, eh bien non, mais ils avaient eu raison de consulter car les idées noires, les idées suicidaires envahissaient déjà l'esprit de cet adolescent. Combien de fois, l'usage de joints a conduit d'autres parents à consulter (car ne nous méprenons pas, aucun adolescent n'ira voir un psy parce qu'il fume du cannabis !) Ces consultations ont permis d'aider alors le jeune dans son dialogue avec ses parents, ses frères et sœurs, eux-mêmes en difficulté ou les parents eux-mêmes qui ne prenaient pas en compte le retentissement de leur propre souffrance sur leurs enfants.

L'histoire de chacun de nous est étroitement liée à celle de ses parents, encore plus en ce qui concerne les toxicomanes bien qu'ils s'en défendent âprement, car ils oscillent, fluctuent entre la dépendance et l'autonomie.

Les toxicomanes, et les adolescents que l'on stigmatise sans cesse ne sont pas des mutants, ce sont nos enfants.

Nous devons comprendre que malgré des accoutrements différents, malgré le Rapp, les blogs que nous ne partageons pas toujours, ils cherchent aussi à communiquer, à nous parler.

La première chose qu'une famille peut faire pour aider un adolescent à ne pas tomber lorsqu'il est au bord du gouffre, c'est d'être vraiment attentif aux appels à l'aide qui se succèdent. Et continuer d'aimer son enfant pour tout ce qu'il est.

Quand j'ai rencontré Hélène, c'était déjà l'histoire d'une très longue histoire, terriblement exemplaire : une histoire qui a débuté quelques années plus tôt, à l'aube de l'adolescence. Quand elle commence à boire de l'alcool, Hélène est à peine sortie de l'enfance. Elle a le même âge que ces élèves de sixième qu'on croise le matin, en route vers le collège, fumant en cachette leurs premières cigarettes. Et qui avalent avec fierté, les après-midi de fête, les amusantes et colorées boissons alcoolisées concoctées spécialement à cet effet.

L'âge où l'on a besoin d'essayer, de goûter, de repousser les limites, c'est aussi l'âge où l'on a besoin d'avoir des parents adultes, en accord avec eux-mêmes, qui énoncent clairement leurs choix, et posent de vraies limites. Ces limites contribuent à la construction de leur personnalité et à développer leur potentiel. Ces limites s'effaceront progressivement au fur et à mesure que l'adolescent va mûrir.

Boire un verre de whisky-coca ne rend pas alcoolique. Fumer une cigarette ne provoque pas un cancer du poumon. Allumer un joint ne précipite pas vers les drogues dures.

Mais deux ou trois verres d'alcool, un paquet de cigarettes pour remplacer celui déjà fumé, un joint systématique pour pouvoir faire la fête, sont déjà des signaux d'alerte. Surtout si l'on n'a que 12 ans. 13 ans. 15 ans...

Et d'autres signaux sont parfois banalisés par les parents : l'absentéisme scolaire, la convocation au poste de police pour un disque volé ou un tag sur une voiture, de l'argent qui disparaît dans la famille... et puis la fugue, la tentative de suicide... La liste est longue, hélas.

Les ados n'ont pas de mots. Ils n'ont souvent pas d'autre moyen que l'action pour exprimer leur malaise intérieur auquel ils ont à faire face, simplement parce qu'ils quittent leur enfance pour affronter le monde adulte, inconnu et terrifiant. Un des gestes le plus facile, pour contrer cette peur, est d'essayer tout ce qui semble l'adoucir, et dont les adultes usent sous leurs yeux : alcool, tabac, tranquillisants.

On ne peut pas nier l'évidence : comme Hélène, tous ceux qui abusent des drogues dures ont d'abord consommé des drogues « légales », ou « douces », sous l'œil plus ou moins négligent de leurs parents, qui n'ont pas entendu ou n'ont pas voulu entendre qu'on les appelait à l'aide ou qui n'auraient pas su quoi répondre...

Et, le plus souvent, ils avaient à peine 12 ans...

Il est fréquent, à 12 ans, d'avoir envie d'essayer, pour voir. Il est déjà nettement plus inquiétant de prendre l'habitude d'user de produits qui modifient l'état de la conscience, et d'en avoir besoin pour affronter la vie quotidienne.

Dans les années 1970, on fumait des joints en bande, pour rire ensemble et faire la fête. Mais quand l'héroïne a déferlé, l'on n'était plus dans la convivialité. Les drogues « dures », c'est vraiment autre chose.

Puis le Sida est arrivé, des milliers de jeunes toxicomanes sont morts...

On a mis en place une politique de réduction des risques, des molécules de substitution se sont ajoutées à l'arsenal thérapeutique, de nouveaux centre d'aide ont été créés.

Si le paysage de la drogue a changé, les jeunes font usage autrement des produits.

On fume de façon plus solitaire, pour s'évader, pour penser à autre chose et de plus en plus. On boit quand on sort pour se sentir mieux, on finit les apéros des parents en cachette, on avale des ecstasy pour faire la fête, on mélange un peu tout pour se défoncer. On va de plus en plus mal.

Les médicaments font partie de ce jeu... Les angoisses qui se manifestent, les insomnies sont souvent réglées par des médicaments anxiolytiques de la pharmacie des parents, qu'ils se sont vu prescrire et qu'ils dispensent largement à leur enfant.

Mauvaise réponse : cela participe au tout tout de suite, sans que les causes sous-jacentes soient traitées. De plus, cela indique que les molécules chimiques sont les seules réponses au mal-être à la place d'un dialogue attendu...

En plus d'une réponse physiologique, violente et immédiate, au malaise intérieur, les drogues offrent aux jeunes qui se sentent mal dans leur famille une alternative sociale et affective.

Ils rencontrent d'autres personnes, qui leur proposent d'essayer autre chose. Hélène n'aime pas seulement l'alcool, elle a besoin des gens avec qui elle boit. Ils comptent pour elle, ils font partie de sa bande.

Elle se sent reconnue et aimée... Les groupes de copains, c'est fondamental et même si les parents se plaignent des « mauvaises fréquentations » celles-ci ont un sens : celui d'un lien social, la possibilité de ne pas être encore plus seul...

Qu'elles soient légales ou illégales, l'usage de ces substances est le témoignage d'un mal-être. Si l'entourage proche ne veut ou ne peut pas voir ces signes, les signaux d'alarme vont se multiplier...

Le récit d'Hélène nous montre à quel point les parents peuvent être sourds aux appels à l'aide de leurs enfants. Pas seulement ses parents à elle, happés par leurs propres angoisses et leurs histoires difficiles. Pas seulement les parents déchirés, perturbés, perdus. Pas seulement ceux qui travaillent trop, qui crient trop, qui exigent trop, ou au contraire ceux qui n'écoutent pas assez, qui n'insistent pas assez, qui ne se préoccupent pas assez. Mais pour la plupart des parents, c'est trop difficile d'accepter que cela leur arrive.

Parce que leur vie est rude et absorbante. Et que c'est compliqué, en plus des autres soucis, d'élever des adolescents. Ça dure longtemps, c'est usant. Quand on a deux ou trois enfants, il peut s'écouler vingt ans entre le début de l'adolescence de l'aîné, et la fin de celle du petit dernier. Vingt ans à gérer les crises ! On peut comprendre, dans ces conditions, que les parents relâchent l'attention. Laissent passer des signes. Ne voient pas l'évidence...

Les médias nous ont souvent raconté que la toxicomanie est un phénomène de société, une fatalité issue à la fois de la crise socio-économique et de l'explosion de la cellule familiale. Le fruit d'un malaise général, récupéré par les dealers, relayé par les mauvaises fréquentations, les copains, les autres... Même si c'est désagréable à admettre, même si c'est insupportable pour les parents de l'entendre, la vérité, c'est que la drogue est une conduite volontaire. C'est un choix individuel. Un mauvais choix, certes, mais un choix. On ne drogue pas un adolescent. Il se drogue...

Pour toutes ces raisons, tous les professionnels, dont je fais partie, n'ont de cesse d'alerter les familles et les adultes en charge des jeunes sur le fait que leur vigilance, à eux, est vitale. C'est eux qui peuvent repérer les signaux d'alerte. Réagir et parler à la suite d'une fugue, au lieu de s'empresser de passer l'éponge, et de faire comme s'il ne s'était rien passé. C'est à eux de s'inquiéter des mauvais résultats scolaires (au lieu de penser que c'est la faute de l'école !), des changements de comportement, des étrangetés alimentaires ou vestimentaires, des mutismes, des explosions, des odeurs de tabac et d'alcool, des absences, des mauvaises mines, des variations de poids, etc. C'est eux qui peuvent intervenir, ouvrir le dialogue, chercher des interlocuteurs compétents, agir, avant que la situation ne devienne catastrophique et dangereuse.

La plupart du temps, comme dans l'histoire d'Hélène, les adultes mettent des mois, voire des années, à réaliser que leur enfant va mal. Ils ne savent pas, ou ne veulent pas savoir que cette absence de réaction de leur part peut avoir des conséquences effroyables. Et parfois, mortelles.

La toxicomanie est une aventure extrêmement complexe, sur laquelle personne n'a tout pouvoir. Vingt-cinq ans de pratique dans ce domaine, la rencontre d'Hélène et de milliers d'autres ados, nous ont appris que pour qu'un adolescent aille bien, il faut que sa famille aille bien. L'environnement d'un jeune, c'est sa famille, qu'elle soit présente ou absente, classique, monoparentale ou recomposée. C'est sur ce terreau-là qu'il s'enracine. Et c'est ce terreau-là qu'il faut soigner, aussi, pour qu'il puisse aller mieux.

C'est pour cela que j'ai créé en 1980 le premier centre européen de thérapie familiale, le centre Monceau, subventionné par l'État, où les consultations sont gratuites et anonymes. Pour que les adolescents en difficulté et leurs parents puissent trouver un lieu de soins et d'écoute, accueillis par des professionnels.

Il arrive, souvent, que les difficultés d'un adolescent permettent à ses parents d'admettre qu'ils doivent eux-mêmes être aidés. Ou de mettre à jour le mal-être d'un ou de plusieurs autres membres de la famille, qui ont eux aussi besoin d'aide... Nous commençons à savoir comment aider. Encore faut-il faire la démarche de venir nous le demander...

Si les parents ne voient pas, si les enfants ne disent pas, si l'entourage ne bouge pas, c'est souvent qu'ils ne réalisent pas. Une cécité terrible.

Quand ils arrivent chez nous, dans les centres de soins, les toxicomanes et leurs proches sont tous englués dans des histoires tues depuis des mois, voire des années ; des vies entières, parfois... Nous sommes là pour les aider à dénouer les fils de leur canevas.

Mais les meilleurs spécialistes des enfants sont leurs parents. Les parents ont un savoir sur leur enfant, qui complète le savoir que nous avons.

Notre travail est de les écouter et de les aider à retrouver un dialogue souvent interrompu.

Nous aidons les familles à redevenir compétentes dans les domaines qui sont les leurs, pour qu'elles puissent donner aux enfants ce qu'elles ont à donner. C'est un chemin courageux et empreint d'amour, mais nous savons comment les accompagner.

La meilleure manière de lutter contre la toxicomanie, c'est sans aucun doute d'être attentifs, extrêmement attentifs, aux enfants dont nous avons la charge ou que nous côtoyons. De les écouter, les soutenir, les aimer, bien sûr.

Mais l'amour ne suffit pas. Il faut aussi avoir le courage, le réflexe, l'intelligence, de demander de l'aide ou un avis à une personne dont c'est le métier lorsqu'ils donnent les premiers signes de difficulté. Consulter un spécialiste ne veut pas dire trahir, ou entrer immédiatement dans un long processus de traitement.

C'est seulement le meilleur moyen d'avoir les idées claires sur ce qu'il faut faire ou ne pas faire pour aider un adolescent. Et c'est mille fois, cent mille fois plus efficace et moins destructeur que de l'empêcher de sortir, d'employer la force, de lire son journal intime ou de fouiller sa chambre à la recherche de preuves qu'il se drogue...

Heureusement, quand même, la plupart des jeunes vont bien : pas de discours alarmiste et pas de généralisation hâtive... L'adolescence est aussi une période formidable où l'on découvre le monde, où la générosité explose, où les premiers sentiments amoureux émergent : c'est aussi le printemps qui fleurit.

L'histoire d'Hélène est formidable, parce qu'elle finit bien. Beaucoup d'autres se sont arrêtées brusquement, à des âges où, normalement, on a toute la vie devant soi. Parce que les drogues, « douces » ou « dures », légales ou illégales, sont dangereuses.

Il n'y a pas de règle. Nous sommes inégaux devant les produits. Certains sont saoulés par un demi verre d'alcool, d'autres ne sont toujours pas ivres à la fin de la bouteille. Certains décollent après deux bouffées de joint, d'autres doivent fumer avec insistance pour en ressentir les effets. Certains reviennent de leurs voyages hallucinés, d'autres ne redescendent jamais. Certains basculent, d'autres pas, sans qu'on sache très bien pourquoi. Il est essentiel de réagir au plus tôt.

Mais tous ceux qui accompagnent des toxicomanes savent que les hôpitaux psychiatriques accueillent quotidiennement des jeunes qui ont perdu tout repère après quelques joints.

Et que, si j'ai vu des Hélène s'en sortir magnifiquement, j'en ai aussi vu beaucoup d'autres mourir. Beaucoup trop.

En matière de drogues, on ne peut se fier à rien ni à personne. La plupart du temps, on ne sait pas ce qu'on consomme : les dealers ne sont pas regardants sur la marchandise. La qualité n'est jamais stable. Il n'y a pas que les junkies en fin de vie qui meurent d'overdose. Ma vie professionnelle est remplie d'histoires désespérantes de jeunes foudroyés par une mauvaise dose d'un sale produit, alors qu'ils en avaient repris « juste une fois pour faire la fête », alors qu'ils étaient en train de lutter pour s'en sortir, ou qu'ils essaient juste une fois ou deux, comme ça, pour s'amuser.

Et à ceux qui se croient à l'abri parce qu'ils ne consomment que leur propre production, garantie sans mauvaise surprise, il faut aussi ouvrir les yeux. Fumer un joint ne conduit pas aux drogues dures. L'herbe ne rend pas dépendant aux premières bouffées. Mais un adolescent est en pleine construction. Ça le rend infiniment plus fragile et vulnérable.

La dépendance psychologique arrive vite même si la dépendance physique n'est pas toujours là.

Pour le plus grand nombre des consommateurs d'aujourd'hui, le danger du joint, ça n'est pas l'escalade vers les drogues dures. C'est plutôt l'incapacité qu'il provoque à se concentrer, à étudier, à avoir envie d'autre chose. Le petit joint sans importance, de plus en plus souvent revendiqué ouvertement et dans la rigolade, est beaucoup moins inoffensif qu'il n'en a l'air. De festif et ludique, il peut assez vite devenir triste et obsessionnel. Et petit à petit, isoler, déconnecter de la réalité, aspirer dans une spirale d'échec...

C'est pour ça qu'il existe des organismes d'accueil, et d'écoute, gratuits et anonymes. Ils sont remplis de spécialistes, qui connaissent toutes les toxicomanies et qui savent écouter, expliquer, accompagner. C'est pour ça qu'il faut les utiliser, y emmener un enfant ou un copain qui ne va pas bien, appeler pour se renseigner ou demander de l'aide.

J'ai eu la chance de rencontrer Hélène, une première fois, dans ce service de pédiatrie. Nous avons appris ensemble qu'on peut sortir de la toxicomanie.

Et puis je l'ai perdue de vue.

Je l'ai rencontrée, vingt ans plus tard, par hasard. Je donnais une conférence dans une île du Pacifique dont elle avait toujours rêvé.

Son témoignage aidera de nombreux jeunes et leurs parents à comprendre que la drogue n'est pas une fatalité...

Et qu'il est possible de s'en sortir.

Sylvie Angel, psychiatre.
Fondatrice du Centre de thérapie
familiale Monceau, à Paris.

Imprimé en France par

CPI
BRODARD & TAUPIN

à La Flèche (Sarthe)
en septembre 2012

POCKET – 12, avenue d'Italie – 75627 Paris Cedex 13

N° d'impression : 70595
Dépôt légal : septembre 2007
Suite du premier tirage : novembre 2012
S16808/08